朱嘉雯經典文學情商課2

莊子
不如相忘於江湖，享受孤獨的哲學家

朱嘉雯——著

五南圖書出版公司 印行

我讀《莊子》——作者序

當我閱讀《莊子》的時候，我喜愛伴隨著南宋畫家趙伯駒的〈飛仙圖〉，圖畫中在整片波瀾壯闊的山嵐雲氣之間，出現了一位飄然獨立的仙子，祂手中擎著荷花，駕上飛龍出沒於雲海間。那遠近的山巒設色鮮綠瑩潤，而仙子的神情儀態悠閒自在；飛龍的架勢也精神昂藏。徜徉在如此經典的仙境畫作之中，我總是不由得想起莊子所云：「乘雲氣，御飛龍，而遊乎四海之外。」從〈逍遙遊〉到〈齊物論〉，神人、至人、眞人所達到的境界乃是「道」，莊子曾有所比喻：「大澤焚而不能熱」，「河漢沍而不能寒」，就算海洋上發生劇烈的火山爆發，對於得道的神人而言，亦算不得什麼，頂多就是洗個熱湯浴；即使海洋已冷凍至結冰，神人也無需在意，他只是覺得稍微涼快一點而已。仙人的境界在於「疾雷破山、飄風振海而不能驚」，在修行的道路上，我們要將人的價值提升到至高點，不能沉淪，不可喪失，於是生命境界乃較一般俗世之人更有一番高度與寬度，因此他眼前所遇到的萬事萬物都不過是孩子們在玩家家酒的小事，而他的姿態，莊子便以「乘雲氣，騎日月，而遊乎四海之外」的仙子意象來形容，如此我們便能以具體的形象來領略「道」的高度。

當我閱讀《莊子》的時候，我喜歡參考對照蘇東坡對莊子的理解。因爲他是一個很具有獨立思考能力與強烈思辨性格的人，例如：他對於歷來學者們所共同認定莊子詆毀孔子的看法，進行了反思，因而提出了完全相反的新觀點，他認爲莊子實際上是孔門學說的新助力。而且東坡的內在性格其實也受到莊子的影響，莊子主張「法天貴眞」、「任其性命之情」，因此蘇東坡一生所講求的就是不遮掩矯飾，無論做人或是文章，都出自胸臆，自然而然，行之所當行，止於所不得不止。蘇東坡的存誠任眞，實來自莊子思想沛然莫之能禦的豐富泉源。

看過蘇東坡，則不能不再閱讀王安石。王安石也參禪，他對《莊子》義理的闡發，不僅援引儒、釋、道三家思想來解《莊》；而且進而將之引入他的變法政治主張之中，是將儒、道會通之後，發展出實用及創新意義的重要學者，因此對後世的影響也很深遠。因爲有王安石與蘇東坡的重新評價與生活實踐，《莊子》思想於是與我最熱愛的北宋文明融爲一體。

當我閱讀莊子的時候，我還喜歡再翻翻林語堂的小品文。幽默大師不僅自己辦了許多雜誌來抒發對時局、對政治、對人生的譏刺，其實他更欣賞老莊哲學在這方面對後人智慧的啓發。他說：莊子看到當時混亂的政治局面，於是尖銳地譏諷道：「竊鉤者誅，竊國者侯。」林語堂還指出，莊子說過一個小寡婦搧墳的故事，當這位婦人說出：「我答應過我最最親愛的老公，我一定會等到你墳墓上的土都完全乾了以後，我才會改嫁。可是你看看，這惹人厭惡的天氣呀！怎麼就這麼潮溼呢？那我不還得拿個扇子來搧搧？」如此幽默的諷刺故事，林語堂原本以爲只有在西方類似《艾菲薩斯的寡婦》這樣的書裡才有，沒想到早在莊子那會兒，已經出現了這樣幽默又辛辣的嘲諷。於是幽默大師林語堂說：「我很快慰，有老子和莊子這樣的智者。如果沒有此二位，我們早已成爲一個精神耗弱的民族了。」

當我閱讀《莊子》的時候，因爲有許多藝術作品與文學思想的相伴，於是我可以從雲山霧海、仙氣飄飄的繪畫意境，走到「聖人法天貴眞，不拘於俗」的哲學，讓我自己也打從內心務求自然而然的天眞，以避免一切的虛僞與矯揉。同時我也相信，每一個時代的人都能夠解讀出《莊子》的創新意義，進而成爲自我生命中的寶貴價值。最後讓我們享受莊子所說的每一個故事，那些喜劇、鬧劇與悲劇其實距離我們並不遙遠，它只是沉潛在我們的生活之海裡，等待某一天，當我們主動去親近和閱讀《莊子》的時候，許許多多的人生道理，就會自動浮現於腦海。到那時，我們也會對生命底層的人性與生活中的諸多難題，漸漸有所覺悟。

目錄

第二單元 走自己的路 043

第三單元 用生命換來故事 079

第一單元
如何逍遙？

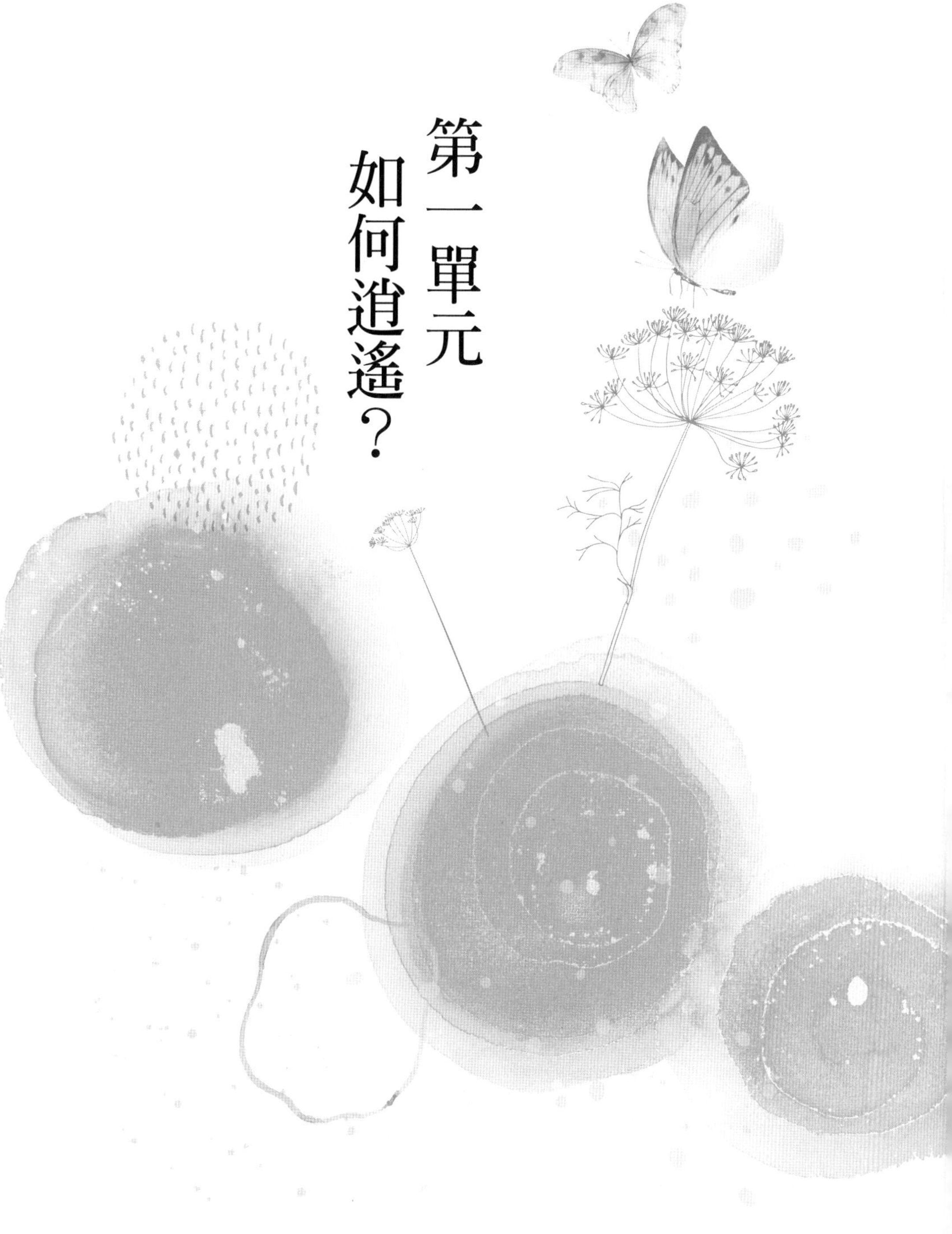

逍遙何義？——重新展開閱讀之旅

《詩經．檜風》有一首詩，名爲〈羔裘〉，起始第一句便是：「羔裘逍遙，狐裘以朝。」這首詩是在形容一個人的特殊狀態，他身上穿著漂亮的皮草，既有小羔羊的皮襖，又裝飾著高貴的銀狐毛，但是這個人卻很不快樂！「豈不爾思？勞心忉忉。」「豈不爾思？我心憂傷。」他置身在高高的朝堂之上，卻整日憂心忡忡，來回踱步，焦慮甚深！他的皮草在陽光的照耀下，潤澤的光輝就像是在精神飽滿的小動物身上一般生氣勃勃，可是穿著這樣漂亮衣服的主人卻懨懨鬱悶，無精打采。他的悲傷，恐怕是無法對一般人訴說的：「豈不爾思？中心是悼。」

在先秦時代，檜國是個很小的國家，其地理位置大約就在今天的河南省密縣，然而這個小國的四周卻有許多大國正虎視眈眈地想要併吞它。而這個來回踱步的華服男子，大約就是身處末世的大臣，他因爲深感無奈而又心痛，是故顯得憂心勞神。既是如此地憂傷，那麼「羔裘逍遙」之「逍遙」便不是悠哉自得的意思。

無獨有偶的是《詩經》中還有另外一個含義相近的例子，〈鄭風．清人〉云：「清人在彭，駟介旁旁。二矛重英，河上乎翱翔。清人在消，駟介麃麃。二矛重喬，河上乎逍遙。清人在軸，駟介陶陶。左旋右抽，中軍作好。」清邑的軍隊駐守於彭，披甲的戰馬顯得雄壯而且剽悍！士兵們所持的長矛，裝飾著顯眼的紅纓絡與野雉毛，他們來回徘徊，戍守邊關，隨時準備轉身抽刀的防衛姿態，被詩人刻劃得淋漓盡致！令讀者感到宛然歷歷在目。於是此處的「逍遙」，在來回徘徊之中，便帶有嚴肅戒懼謹慎的意味。

除了《詩經》以外，同時期還有《楚辭》中也出現了「逍遙」一詞：《楚辭．離騷》：「折若木以拂日兮，聊逍遙以相羊……欲遠集而無所止兮，聊浮遊以逍遙。」與《楚辭．湘君》：「時不可兮再得，聊逍遙兮容與。」以及《楚辭．哀郢》：「去終古之所居兮，今逍遙而來東。」和《楚辭．九辯》：「悲憂窮戚兮獨處廓，有美一人兮心不繹。去鄉離家兮徠遠客，超逍遙兮今焉薄？」《詩經》與《楚辭》這兩部上古時代的文學鉅著中所出現的「逍遙」，基本上是指人們在苦悶憂愁的情緒下，來回徘徊的樣貌。然而我們也知道「逍遙」一詞，出現於先秦時代，最著名的文本乃是《莊子．逍遙遊》，而且此處的「逍遙」乃指很高境界的精神解放，是生命中真正的自由自在。

其實「逍遙」一詞的含義，從痛苦徘徊到悠然自得之間，之所以產生了意義上巨大的轉變，乃源於一位西晉時期的哲學家——郭象。他擔任過黃門侍郎、豫州牧長史，以及太傅主簿。與他交往很深的太尉王衍形容這位老朋友：「聽象語，如懸河瀉水，注而不竭。」從這樣的話語中，我們可以想像郭象的清談是多麼地迷人！當郭象註釋《莊子》時，他將鯤化爲鵬而一飛衝天的威宏氣勢，與小格局之蜩與學鳩的對比，詮釋爲「小大同一」，郭象說：「苟足於其性，則雖大鵬無以自貴於小鳥，小鳥無羨於天池，而榮願有餘矣。故小大雖殊，逍遙一也。」顯然他以「適性」來理解「逍遙」，郭象於是消泯了海天翱翔與跳躍蓬蒿間在生命境界上的差異，於是許多學者認爲郭象的《莊子注》事實上已歧出了莊子的原意，提出不同於莊子思想的哲學新視野。此處當然也不排除《莊子》義趣深閎高遠，用詞洸洋，藝術氣息濃烈，於是玄學清談家如郭象者，便自由自在地「得意而忘言」，進一步自我發展出創造性的詮釋。

雖然到了東晉支遁，他並不同意郭象「小大同一」、「適性逍遙」的說法，但是他仍然將「逍遙」理解爲「自由自在」的意思。既然兩位名家都將逍遙做了新的詮釋，那麼它的本意也就一去不復返了。到了北宋詩人黃幾復，又有更進一步的說法：「逍者，消也。如陽動冰消，雖耗也，不竭其本。遙者，搖也。如舟行水搖，雖動也不傷其內。」修養能夠到達「不竭其本」與「不傷其內」的境界，不免又令人聯想起《莊子．養生主》，庖丁爲魏文惠王殺牛時，其順應天然之道，因此遊刃而有餘，「刀刃若新發於硎」的養生理念。如果能修養自己到這樣的境地，那生命自然是逍遙而無待了。畢竟〈逍遙遊〉亦云：「至人無己，神人無功，聖人無名。」這是眞自由的境界。

然而，當年屈原寫〈離騷〉時，心情上的苦悶，也是眾所周知的，他多次書寫「逍遙」，乃因哀痛而發。至於《詩經》的作者描寫華服男子的憂傷，我們還可以藉由孔子在《論語・鄉黨》中的話來進一步理解詩人寫作的諷刺意味：「君子不以紺緅飾。紅紫不以爲褻服。當暑，袗絺綌，必表而出之。緇衣羔裘，素衣麑裘，黃衣狐裘。褻裘長，短右袂。必有寢衣，長一身有半。狐貉之厚以居……。」君子的衣服不用紅色滾邊，不穿紫色內衣，夏天外出需著外套，衣服的配色要合理。內衣長，而右袖較短。睡覺時需著睡衣，而唯有坐墊可藉狐貉之厚……。則專以《詩經》爲教材的孔夫子原來是如此地講究服飾的簡約樸素與合乎禮節，那麼他對〈羔裘〉一詩的主人公在亡國前夕，仍舊好著華服，卻不能在政治上自立自強，大約也是很不以爲然的。而檜國大臣的「逍遙」便是日日長吁短嘆，除了來回踱步，也只能一籌莫展……。於是我們不難看出，他與楚國大臣屈原憂國憂民的傷痛竟是如此相似！這就爲先秦時期「逍遙」一詞具有來回徘徊，感傷憂憤的原意，定錨似的下了個明確的註解。或許我們可以在追本溯源的解讀下，重新展開《莊子》的探險之樂與閱讀之旅。

影子的影子——罔兩問景

影子的影子問影子：「我看你無論是站起來或坐下，行走或靜止，都得依附於另一個形體，難道你就沒有自己的主見嗎？」影子的影子問這個問題的時候，他是不是忘了自己也是依附於影子而行動的？又或者他已經有所覺悟，決心要走自己的路，不再依附於另一個形體了？只可惜影子告訴他：你逃不出這個巨大的塵網，因爲這世間的萬事萬物都有所依附，就像我所依附的對象，他也有他的依附，如果要層層追蹤上去，那最終極的答案將是「不可知」。

於是影子的影子作爲一道極微弱的陰影，他還有資格去想像從密密層層的依附關係中解脫出來，走出自己的路嗎？尤其是影子已經說明了我們每一個人的存在都不是眞正獨立的，而是互相依存，就像蛇依靠腹部的鱗片來爬行，又像是秋蟬憑藉著薄翅來飛翔。相互依憑，就是我們實存的處境。難道這世界上眞有人能夠一空倚傍，獨來獨往嗎？這是影子無奈的自剖。

關於影子的故事，我們轉到西方來看看十九世紀丹麥作家安徒生的故事。在這篇名爲《影子》的小說裡，男主角是一位作家，但是他嘔心瀝血、慘淡經營多年，終究還是三餐不濟，一事無成。有一天竟然連他的影子都看不下去，狠心離他而去。許久之後，影子回來了，而且是飛黃騰達地回來了，手上戴滿了亮晶晶的戒指，懷裡的錢包也很充實飽滿。然而在風光的外表下，影子的內心其實有個缺憾，他很煩惱自己沒有影子，於是他要反過來聘僱作家當他的影子。作家爲了生計，屈辱地答應了。於是影子在前，作家依附於後，雙雙來到了舞會，見到了美麗的鄰國公主。公主迷上了影子！她問影子許多治國的問題，影子都說這些問題太簡單，然後推給了他的影子來回答，這時作家忍不住光火了！他不願意再做影子的影子，他要揭發影子的謊言，卻沒想到最終惹來了殺身之禍……。

從古老中國到近代北歐，影子和它的影子始終有話要說。即使只是一層微弱的暗影，他也曾經興起過主體意識，既不願隨人俯仰，亦不能喪失自己的獨立品格，更不該只是盲目地服從外在的價值。於是回歸本心，成爲我們最好的選擇，也是我們生命中最重要的修養課題。如果注定要依附於某物，就讓我們依附於自己的「心」吧！

附錄原文

《莊子・齊物論》：「罔兩問景曰：『曩子行，今子止；曩子坐，今子起；何其無特操與？』景曰：『吾有待而然者邪！吾所待又有待而然者邪！吾待蛇蚹蜩翼邪！惡識所以然？惡識所以不然？』」

莫死莫生，莫虛莫盈——老、莊的生死學

在民間文學與信仰上，老子是神仙，莊子是眞人。老子身後躋身於《列仙傳》，而莊子則是在唐玄宗天寶年間，被封爲南華眞人。至宋徽宗時，又追封微妙元通眞君。

根據《列仙傳》的記載，在周朝的時候，老子乘著太陽，駕馭九龍，幻化爲五色琉璃珠的形象，自天空灑落。當時玄妙王的女兒，張開口吞嚥了琉璃珠，因而受孕，不久之後，在祥光照護下，從左肋生出一個男孩。這男孩一落地就會走路，一連走了九步，步步生蓮花，然後他指著院子裡的李樹說：「這就是我的姓。我姓李。」

這時玄妙玉女仔細看看孩子，才發現他竟是鶴髮龍顏，天庭飽滿，兩耳過肩。然後又望見天上有美麗的祥雲籠罩著庭院，並且出現了上萬隻仙鶴在空中飛翔，這分明是吉慶的景象。於是玄妙玉女爲他取名爲「老子」，又稱爲「老聃」。而老子出生九天之間，身體竟然有九變！這也令人嘖嘖稱奇！到他六歲時，因爲耳朵長得更大了，因此自我命名爲重耳。

這個故事後來也出現在唐代段成式的《酉陽雜俎．玉格篇》，而情節略有出入。同時，這個故事也是一個典型的「感生神話」。所謂「感生」的意思是指「感外物而生」，大部分神話學者的定義都是直指女性因感受到某物而造成「處女生殖」、「貞節受孕」的現象，例如：吞食某種東西，就能神祕地懷孕生子。其中最有名的例子當然是《聖經》裡聖母處女懷孕的故事，這是世界上知名度最高的感生神話。

此外，在中國古代神話裡有周代始祖后稷的母親姜嫄，她是帝嚳高辛氏的正妃。《史記．五帝本紀》記載了這樣的傳說：姜嫄踩到上帝的腳印，因而懷孕生下后稷。而后稷是帝嚳之子，周朝父系的祖先。因此《詩經．大雅．生民》便指出：「厥初生民，時維姜嫄。生民如何，克禋克祀，以弗無子。履帝武敏歆，攸介攸止，載震載夙，載生載育，時維后稷。」周朝先民的誕生，起源向神靈與天帝祈禱，姜嫄踩著上帝腳趾印，神靈因而佑護。胎兒時動時靜，生下來之後，他就是周的始祖后稷。

另外還有簡狄，這是帝嚳的次妃。相傳她在沐浴的時候，偶然吞食了鳦卵，那是一枚燕子的蛋。簡狄因而懷孕生下了商的始祖——契。

雖然許多學者都認為感生神話之貞節處女生孕的情節，乃出於父權社會之鄙視女性。不過我們從老子與周朝的始祖、商朝的始祖並列在同類型神話系統的現象上看來，便可知道一般民間信仰是如何看重老子了。

關於老子的故事，我們今天著重談生命起源的感生神話，它展現出世人對於偉大哲人生命起源的高度重視。反觀莊子，他卻是對於死亡有特殊看法的另一位哲學家。話說他的妻子去世了，可是莊子卻坐在地上，兩腿叉開，手上拿著木棍敲打著放在面前的瓦盆。仔細聽，他這個因陋就簡的「鼓」，其實打得很有韻律感，同時他還一面哼著歌！這時候老朋友惠子特地來慰問他，見到莊子鼓盆而歌，十分不解，莊子便解釋道：「我妻子最初是沒有生命的，不僅是沒有生命，並且連形體也沒有，不僅沒有形體，其實連氣息也不存在。後來在恍恍忽忽中產生了氣息，又經歷變化而出現形體，爾後終於有了生命。如今死了，其實就是回到原初的狀態。這就像是春夏秋冬四季的運行，那是再自然不過的事情。如今她已回歸天地的懷抱裡，我為什麼還要哭泣呢？」

莊子以生為氣之聚，死是氣之散，而生死僅是自然現象的一環，無需快樂與悲哀，這是真正出世的思想。而民間一般稱莊子為南華真人，真人一詞除了出現在《莊子．大宗師》：「古之真人，其寢不夢，其覺無憂，其食不甘，其息深深……古之真人，不知說生，不知惡死，其出不訢，其入不距；翛然而往，翛然而來而已矣。」後世也出現在許多文學與文獻中，例如：漢淮南王《淮南子・本經訓》云：「莫死莫生，莫虛莫盈，是謂眞人。」而賈誼〈鵩鳥賦〉中也曾說道：「眞人恬漠兮，獨與道息。釋智遺形兮，超然自喪；寥廓忽荒兮，與道翱翔。」這「超然自喪」及「與道翱翔」已是超乎常人的神仙境界，因此「眞人」也是一個宗教術語，指稱存養本性，修眞得道成仙之人。這樣說來，中國道家哲學的兩位代表人物老子與莊子，在民間文學與信仰的視角中，早已位列仙班，成爲人們重新膜拜的對象。因爲一般人達不到他們「莫死莫生，莫虛莫盈」的境界，同時也非常羨慕他們「翛然而往，翛然而來」，毫無掛礙、自由自在的心性，所以將他們推舉至神仙的高度。從這個角度來看，那老子與莊子身上所衍生出來的各種故事，其實也可以作爲很有意思的民俗學與生死學課題，藉以進一步考察，並且勾勒出在民間文學文本中，長期存在著我們還不是那麼具體認識的道家二先驅。

最富有的是故事——莊子的貧窮絮語

儘管莊子沒有顯赫的出身，師承淵源也不詳，他依舊是中國哲學史與文學史上，最令人們好奇，大家最想一探究竟的人物之一。現在我們僅知道，他一生都很困頓，困頓到向人借債。有一次他眞沒有米下鍋了，只得去向監河侯借米。然而小氣的監河侯竟然說得出這樣的藉口：「等我向地方上收了租稅，再借給你吧。」莊子於是說了個故事來諷刺他：我來這裡的路上，聽到了一種奇怪的聲音，原來是車輪輾過的水窪裡，藏著一尾鯽魚……。

莊子問鯽魚：「你怎麼會在這裡？」

鯽魚：「我原本是在東海裡，你能不能給我一點水，讓我活命？」

莊子：「好啊，等我到了南方去遊說吳越的國君，請他引西江水來迎接你吧。」

鯽魚非常不高興！「我現在只需要少許的水就能活命了，照你這麼說，那麼你乾脆到乾魚店裡來尋我吧！」

關於莊子家貧，還有另一則故事。有一次，他穿著補丁的衣服和破鞋去晉見魏國君主。君王不解，問他爲何潦倒至此？莊子立刻反駁：「我只是窮，並不是潦倒。」他打了一個比喻，好比猿猴生長在荊棘叢裡，沒辦法施展攀藤攬葛的身手。所以莊子也有生不逢時之嘆啊！

後來有一位宋國的曹商被派到秦國擔任外使。他臨行前，宋國君主送他好幾輛車子。那曹商到秦國以後，自是百般獻媚，於是秦王又賞賜給他一百輛好車。曹商返宋途中，忍不住向莊子炫耀：「你這個人把自己餓得面黃肌瘦，又只能住在這麼逼仄的陋巷裡，你看看我出外交涉一趟便滿載而歸。你說我是不是很有本事啊？」

莊子面對這種人，根本懶得理他。於是又回敬了一個故事：「話說秦王生病的時候，他對排隊等著進來看診的太醫們說，凡是可以破膿瘡的，賞一輛豪華禮車；有願意舔痔的，就賞五輛；治療的部位愈是低下，賞得愈多。我看你得到那麼多輛車，就可以想像你是個多麼骯髒的人！快離我遠點吧！」莊子對有錢有勢的權貴，向來不假辭色，每每給予尖刻的抨擊，令那些權貴被痛罵得體無完膚。所以有人誇讚他眞逍遙，卻也有人指稱他不過是個憤世嫉俗之徒。我們也不忙著下定論，先再繼續看看他的貧窮絮語，最後在各自心中下結論。

曾經有一段時間，楚威王很看重莊子，一心想要延攬他。王上派了兩名使臣，帶了重金和宰相的聘書來見莊子。可我們已經知道莊子的脾氣了。「千金、相位的確很吸引人啊！只不過這就好比把我當成祭祀的牛，養肥了，便披上彩繡的外衣，送進太廟裡充當祭品了。你們說，我是願意過著自由野放的生活？還是給人當祭品？」莊子寧願生活貧寒，也不願追逐官祿，他甚至罵諸侯國君爲「大盜」，也許莊子還是個無政府主義者，因爲他認爲廟堂之上的王公貴族都是「竊國者」。至於他這麼敢說話，其實也源自春秋戰國時代本是個百家爭鳴的獨特時期，那樣一個戰火連天，國與國之間爾虞我詐，互相兼併的險惡環境，可以說是最壞的時代；但是對於有思想又有人格魅力的人而言，那卻也是一個歷朝歷代中難得可以大鳴大放的時期，因此許多哲學家都在這時期自由地思考自身對於宇宙、人生，以及社會、政治的體認，進而將具體的論述抒發出來。於是像莊子這樣鄙視權貴，抨擊追求功名利祿的人，又排斥聲色貨利，並且致力於追求充實飽滿的精神生活，在當時是很有特色與魅力的。而莊子便是以他獨到的價值觀與人生觀吸引和影響了後世不知多少讀書人及知識分子！

此外，他也提倡天然，呼籲盡量排除人爲造作之事，譬如：給馬套上籠頭，將牛穿上鼻環以便栓繩等等，這都是他不能苟同的作爲。從莊子的標準出發，只要是任其自然者，就能得到眞自由，而眞自由者，謂之「至人」。我想他之所以如此強調這個觀念，那是因爲在我們的現實生活中存在著太多強加人爲因素於其上的事物，而他也看盡了世人爲了名利、地位、財富，甚至於愛情，終身受困於無形的枷鎖之中，沒辦法獲得解脫。我們美其名是奮鬥不懈和努力追求，其實到頭來也仍是徒勞。於是在莊子的領悟之下，他想告訴世人，萬物之成毀，確實都有所依侍，〈逍遙遊〉裡的大鵬高飛、壽命綿延千年的木椿、可御風而行的列子……，哪一樣不是必須依賴外界條件機緣之聚足方能促成？但是我們不能習慣於依賴外在條件來成事。精神上絕對的自由是「無待」：摒除名位，不建功業，順於自然以進入天地萬物與我合一的境界，於是我們從有待進入無待，在精神上無欲無求，唯願做一個好思辨、有想法的人，在待人處世上自然表現得豁達、無爭，這大約就是莊子的人生追求。爲此他不斷地拒絕進入官場，終身棄絕名利，時時刻刻保守住絕對的自由，而同時在貧困的現實生活裡，享受著一千零一夜般無窮無盡的故事寶藏。

一個是上善若水，一個是朝受命而夕飲冰

——老、莊之異同

很多人都曾經具體指證同爲道家思想開創者的老子與莊子，兩者之間其實存在著巨大的差異。例如：老子宣稱：「域中有四大，而人居其一焉。人法地，地法天，天法道，道法自然。」此四大，一層還比一層高。人雖然高不過天、地、道，卻是優越於萬物。反觀莊子卻是強調人與萬物之一致，在他的觀念裡，人與天地萬物並無地位上的差異，所謂：「天地與我並生，而萬物與我爲一。」莊子的論點，諸如：〈齊物論〉通篇立意和主旨在於超越萬物的差別，並且在萬物一體的前提下，達到逍遙的境界。

其實老子所說「道」，乃是回歸純眞質樸之本性；然而莊子心心念念所追求卻是高度且絕對的自由。因此老子與莊子各自有其生命哲學的軸心。而且在我的心目中，莊子好像是《西遊記》裡橫空出世的孫悟空，從石頭裡蹦出來之後，天不拘兮地不羈，他的叛逆精神亦就是在於對自由

的追求，那是生命本身自然生成的個性。因爲沒有顯赫的出身背景構成生命中的包袱，這使得孫悟空得以很輕鬆地在精神上超越了宗法體制和社會人情的種種束縛。因此書上說，這石猴不伏麒麟轄，不伏鳳凰管，當然他也不伏人間王位的拘束。這份自由自在的花果山生活記樂，以及猴王桀驁不馴的強烈行事風格，與莊子超越世俗的思想行徑、靈活而且不能繩歸的文字語言，其實略有相似之處，表現在文本中，也都是張揚的浪漫主義文學。

至於老子，他就不是石頭裡蹦出來的。李耳的家世背景很好，而且有師承，他的老師是春秋時期的高人——商容。《淮南子》指出：「老子學商容，見舌而知守柔矣。」後來《高士傳》中便鋪陳了這段老子與商容的對話：

> 商容，不知何許人也，有疾。老子曰：「先生無遺教以告弟子乎？」……容張口曰：「吾舌存乎？」（老子）曰：「存。」（容）曰：「吾齒存乎？」老子曰：「亡。」（容）曰：「知之乎？」老子曰：「非謂其剛亡而弱存乎？」容曰：「嘻！天下事盡矣。」

老師臨終前，給學生上的最後一課是：舌頭之所以到最後還能存在，因爲它柔軟；然而牙齒卻早已全部掉光了，就因爲它太剛強！

這是老子日後發展出「貴柔」思想的基礎。《道德經》第八章說：「上善若水，水善利萬物而不爭，處眾人之所惡，故幾於道。」第七十八章又云：「天下莫柔弱於水，而攻堅強者莫之能勝，以其無以易之。」

老子能夠在老師的點撥下，舉一隅而能以三隅反，觸類旁通，進而發展出屬於自己的哲學立論，可見其智慧。而商容作爲老師，也確實遇到了絕頂聰明的好學生！老子李耳是個非常好學而愼思的人。從小他就經常靜靜地聽大人講述歷史興衰、祭祀典禮、天象觀星等諸事。當老師告訴他：「天地之間人爲貴，眾人之中王爲本。」這樣的觀念時，老子立刻反問：「天爲何物？」老師說：「天者，在上之清清者也。」老子還是覺得沒有追蹤到最後的答案，於是又問：「清清者又是何物？」老師解釋：「清清者，太空是也。」而老子還要繼續追問：「太空之上，又是何物？」老師於是再回答：「太空之上，清之清者也。」老子再問：「之上又是何物？」老師再答：「清之清者之上，更爲清清之清者也。」老子一連串不停地追問：「清者窮盡處爲何物？」先生只好說：「先賢未傳，古籍未載，愚師不敢妄言。」但老子並不是想找老師的麻煩，他是一位天生的哲學家，想要探「天」是什麼？於是他在課後的時間，不斷地思索，一直到深夜，仰頭觀望日月星辰，思考天之爲天，究竟是何物？作爲一個學生，能把上通天文，下知地理的老師問倒，可見老子一生追求天道學問的刻苦與用心。

那麼老子是在什麼樣的機緣下打開了人生的視野與思想的境界？後來向他問學的孔子曾經說過：「吾十有五而志於學。」傳說作爲孔子老師的老子在十三歲那年就已經展開了他一生重要的學習歷程。話說老子在商容的門下學習了三年，在這段期間裡他學會了天文地理，以及古往今來的禮儀。往後的階段，老子願到周朝的首都去深造，因爲那裡有規模很大的圖書典藏，古籍浩如煙海，是當時天下所有學問集大成的聖地，而聰慧好學如老子，只要將他放進好的環境裡，他立刻就會感到如魚得水，將來在學問上，也必成大器！只不過老子當年才十三歲，父母親不放心讓他出遠門，於是商容推薦了他的師兄，乃是一位太學博士，眼下受教於他的學生們都是神童，李耳過去，既可與同學切磋，又能受到衣食上的照顧，這才促成了李耳入周的計劃。從此，這位少年哲學家便進入太學，展開天文地理、人倫道德等課題的鑽研，舉凡《詩》、《書》、《易》、《禮》、《樂》，以及所有辭章史冊，老子遍覽無遺，短短幾年內，功力大進，於是他被推薦進入周朝經典書籍的守藏室。老子從此坐擁天下書文殿堂，置身於典籍書海裡，一待就是三十年！這就是道家哲學開山之作《道德經》產生的背景，雖然只有短短五千言，卻是老子這一生對天地宇宙、自然人文、歷史政治等等面向的哲學性觀照。此後兩千多年，老子便是以這僅僅的五千言就能與偌大的儒家體系分庭抗禮。

至於《莊子》一書，它所對話時空背景，是相對複雜的戰國時代。〈人間世〉裡的葉公子高云：「今吾朝受命而夕飲冰，我其內熱與？」這就是莊子的內心寫照，他以冷眼關切社會，利用講述故事來批判不合理的現象，甚至抨擊僞儒者之欺世盜名……。時代愈侷促，個人言論愈激昂。這大約也就是《周禮》所謂：「刑亂國，用重典」之意了。

眞正的儒者！——所謂老、莊

老聃入周，天下之書，無不納其轂中。老子在此博觀泛覽，逐漸精通禮樂之源，明白道德之旨。又三年，遷守藏室史，其道德學問遂名聞遐邇，海內遠播。

話分兩頭說，有一天，孔子找來他的弟子南宮敬叔，對他說：「周朝守藏室史老聃，古今學問兼備，尤其精通禮樂，能講明道德的主旨，我想去向他請益，你願意和我一同前往嗎？」這一年，孔子大約二十五歲，這是他第二次去向老子請教禮學，往後還有三次。而這一回他所帶去的學生，也很有來歷。南宮敬叔，其實姓姬，我們知道這是周朝的國姓。南宮敬叔當時是魯國大夫，他是孟僖子的兒子，孟僖子臨終前的心願就是讓兒子拜孔子爲師。而孔子這次就是帶著南宮敬叔到周朝王城洛邑，去向老子問禮。關於這一段故事《孔子家語》曾記載：「孔子謂南宮敬叔曰：『吾聞老聃博古知今，通禮樂之原，明道德之歸，則吾師也』。」

其實孔子也很了不起！他這時已經有很多學生拜入門下，可是夫子仍然覺得自己在禮學方面還有很大的增進空間，因而趨教。那南宮敬叔也很樂意，立即報請魯國國君准行，然後陪同孔子前往周邑。當老子見到孔子帶著學生，不遠千里而來，簡直驚喜莫名！孔子很認眞地請教老子：「所謂國家大事，無非就是祭祀與戰爭，可是我想不通祭祀與戰爭兩者之間，孰輕孰重呢？我舉個例子：如果戰爭持續下去，一時半刻不能結束，而在此時，父母突然辭世，我們該服喪呢？還是繼續打仗？」老子立刻斬釘截鐵地回答：「在任何情況下，都不能不認眞地爲父母服喪三年！」

老子眞是儒家的信徒啊！守喪就是守孝，孩子出生以後，需要父母保抱提攜，不辭辛勞地呵護照顧至少三年以上，才可能放手。爾後父母過世，我們做子女的，拿什麼來報答當初那三年的養育之恩？因此後來孔子告訴弟子：「子生三年，然後免於父母之懷。夫三年之喪，天下之通喪也。」之後孔子又問了老子許多問題，老子都一一誠懇回答。然後他開開心心地帶著孔子去拜訪大夫萇弘。萇弘是首都著名的音樂家，他當場教授孔子樂律和樂理。接著老子又帶孔子去參觀祭神大典，以及考察宗廟的各種禮儀。總之，這一趟遊學，眞使孔子獲益匪淺！

孔子臨行前，老子依依不捨，一直送他到黃河邊，見到河水滔滔向東流，孔子感嘆：「逝者如斯夫，不捨晝夜！」他擔心這個世界大道不行，仁義不施，一天到晚都在打仗，各國民不聊生，可是我們的人生又如此短暫，如江水匆匆，如果不能在有生之年做出對國家社會有益的事情，那就太遺憾了！

老子也看著浩浩黃河，他勸孔子：「你知道水也有水的道德嗎？」孔子不解：「水怎麼會有道德呢？」老子說：「上善若水。水善利萬物而不爭，此乃謙下之德也。」你看，長江大海能夠容納所有的水量，就是因爲它永遠處於謙卑低下的位置。天下最柔弱的事物莫過於水，這是水的柔德。可是柔弱勝剛強！你千萬要記得：只要與世無爭，那麼天下所有的人都不能與你相爭。我的這份體會，也是來自水之德。水既然避高趨下，它就能遍布各處，而我們所傳揚的道，就像水一般，無所不在。

「（水）空處湛靜，深不可測，善爲淵也；損而不竭，施不求報，善爲仁也……洗滌群穢，平準高下，善治物也；以載則浮，以鑒則清，以攻則堅強莫能敵，善用能也……。」

老子觀察水勢、水流、水面、水源……，然後體會出：「聖者隨時而行，賢者應事而變，智者無爲而治，達者順天而生。」

孔子太感謝老子的教誨：「先生之言，弟子終身不忘，遵奉無怠。」當他回到魯國後，所有的弟子都很好奇，老師去拜訪老子，見到面了嗎？都談些什麼話題呢？能不能形容一下，老子是個什麼樣的人？

孔子搖頭感嘆地說道：「鳥吾知其能飛，魚吾知其能游，龍興風雲之中，吾不知其上下。老子其龍乎！」孔子成了老子的信徒了！

老子談孝道，不能打折扣，沒有第二句話，因此儼然是正宗的儒家之徒。那麼莊子就是純粹的道家嗎？

我們今天所看到的《莊子》這本書，是經過魏晉時期郭象註解和編輯的版本，三十三篇文章分見於內篇、外篇與雜篇。莊子很擅長說故事，故事裡的人物，有來自神話、歷史，甚至有虛構的人物。而老子和孔子都在他的書裡出現過，但是老子只出現過三次，至於孔子則出現了九次！而且大部分的場景都是師生在對話。其中又以顏回出現最多次，特別有名的是師生談「坐忘」。

這個故事是說，有一次，顏回提到「坐忘」，孔子沒聽過這個新名詞，於是請教。顏回說：「墮肢體，黜聰明，離形去知，同於大通，此謂坐忘。」擺脫身體的局限，除去身上一切自以為是耳聰目明的靈敏，這時候感官退去，我們的心靈才能漸漸融入宇宙萬物，體會所有事物微妙變化的契機。之所以要去體會，是因為「道」是生生不息的，不僅隨時都在變化中，而且「道」是以「器」來做具體的呈現，因此並不是在天地萬物之上，另有一個永恆靜止的道的存在；反之，道就在生活之中，於是我們不需要超脫於凡塵俗世之外，來體驗生命中的最高價值。這最高價值容或是抽象的理念，但它還是與具體事物發生了緊密的聯繫。《易經》上說：「形而上者之謂道，形而下者之謂器。」「道器並重」這意思是既要有理論，又要可實踐，如此看來，《莊子》和《周易》應有匯通之處，因為他們都指出天地間最核心的價值，我們把它稱為「道」，就像前面所提到的「孝道」，便是核心價值，即使環境再艱難，我們也不能放棄而必須堅守這個價值。然而隨著時代的變化，形而下的感官世界也不斷地在更新。因此表達孝心的具體行動也會時異勢殊，在不同情況下而有所變遷。

關於孝道，我最喜歡莊子這段話：「以敬孝易，以愛孝難；以愛孝易，以忘親難；忘親易，使親忘我難；使親忘我易，兼忘天下難；兼忘天下易，使天下兼忘我難。」他的說法真是令人耳目一新！境界也超越了儒家。讓我們忘了彼此的身分吧，將孝敬之心當作是日常生活的習慣，自然而爲之，因爲親子之間，早就已經把對方當作是自己生命的一部分，所以「孝」無需強調和提醒，它本來就在我們的生命之中。而且我們也不需要去在意世俗的眼光，因爲每一個家庭都有它自己的互動和相處模式，只要感情融洽，那就讓我們各自過著自在的生活，彼此相忘於江湖吧！

老子與莊子當年並沒有在自己身上貼個「道家」的標籤，所以如果我們發現老子的某個面向看來很儒家，而莊子的部分言論已經超越了儒家，那其實也沒什麼。生活在這個世界上，人人都有多元的面貌，所以我們面對一個人的學說，可以是素面相見的，也就是不一定要有先入爲主的觀念。只要用心體會，每一個人都能找到特別令自己感動的亮點。而我們親近經典的目的，也不是爲了去歸類其流派，而是爲了從中取得共鳴，並因此提煉出生活的智慧。既然如此，我們又何必在乎誰是儒家？誰是道家呢？

說故事的重要！——莊子承繼與發展老子思想

老子騎著青牛出函谷關的那一天，陽光真好！藍天裡有朵朵棉花似的白雲，惹人憐愛。他禁不住抬頭仰望，一面悠哉悠哉地往前行。被他拋在腦後的，是那不值得回顧的王室腥風血雨政治風暴。作亂反上的王子朝，面臨勢孤，在逃亡前夕，竟攜走周王室的重要典籍。老聃因而蒙受牽連，於是辭職離宮。他騎上一頭青牛，西出函谷關而遊秦國去了。後世劉向在《列仙傳》裡描述道：「後周德衰，乃乘青牛車去。」至清代文淵閣《四庫全書》本又加了一段話：「老子西遊，關令尹喜望見有紫氣浮關，而老子果乘青牛而過也。」

「先生！先生！」來到梁城郊外，忽然聽見背後有人叫喚，老子回頭一看，原來是他的學生陽子居啊！「怎麼會在這裡遇到你？」陽子居翻身下馬，雙膝一跪，便在老師的面前回答道：「我老家原來在這附近，所以我特地回來這裡，想買一幢別墅，房子是已經看好了，不過還得花點時間去裝潢，再雇幾個傭人和僕役，最後啊，這人手多了，縱然是方便些，在管理上還是得立個家規……。」

老子忍不住笑了：「人嘛，有個地方能睡覺，能吃飯，就足夠了。何必如此鋪張呢？」陽子居不解，他說：「像我這樣的修行之人，必須要找個安靜的地方讓身心鬆弛，而且在飲食方面，也很講究淡雅清素，睡眠之處，更是需要絕對的寧靜，如此一來，則非找個獨門獨戶的深宅內院不可。既然有了深宅大院，怎能沒有家具和僕人？僕人一多，難免就得立規矩，否則如何管理？」

老子在避世隱居的半途中，便給他這個學生再上一課：「所謂大道就是自然，根本不需要強作寧靜。飲食只要不過於奢侈，自然是偏於清素的；生活中，盡量減低慾望，睡眠就可以安穩。」在老子的觀念裡，人只要順著大自然的規律，日出而作，日落而寢，就會很幸福，爲什麼還需要那麼多的僕人呢？「順自然而無爲，則神安體健；背自然而營營，則神亂而體損。」陽子居能夠再度聽到老師的教誨，非常歡喜！他們師徒一道旅行，路遇難水，二人乘船欲渡。在船上，老子言笑晏晏，舉止和悅閒適，與其他乘客們閒話家常，隨和又親切。可是一旁的陽子居卻高傲得很！船主人見他這麼挺胸昂首，認定他是個大人物，於是誠惶誠恐，又奉茶又獻巾……。

過了河，他們兩人重新登岸，老子嘆了一口氣：「你看看你剛才的樣子，一副狂妄自大、驕傲自滿的神態，眞是不可教也。」陽子居聽了老師的話，當下誠心悔過：「我平常習慣了，一定想辦法改正！」老子對陽子居說道：「君子與人相處，要做的像是冰塊融化在水裡，而與人一起工作，就如同童僕般的謙下。要培養自己成爲內在德性豐厚而外表平常的人……。」

聽了老子的教誨，陽子居接下來的言行，竟然起了很大的變化！他看起來不矜不恭，不驕不媚，引得老子直稱讚，認爲他很不錯，很有長進。其實每一個人都是父母親生的，在天地之間，乃是大自然的一部分，刻意抬高自己，貶低他人，這不是自然；反之，處處以他人爲珍貴，卻自認卑賤，那也太違背本性了。

老子告訴我們：「等物齊觀，物我一體，順勢而行，借勢而止，言行自然，則合於道矣。」總之，在那途中，老子不斷地藉由各種機會點撥陽子居的行爲和端正思想，關鍵是要把握住所謂「大道自然」者是也。

這個故事蠻有意思的！類似像這樣的老子軼聞還有很多！然而這些是怎麼發展出來的呢？應該是與最會說故事的人有關吧！這個人就是莊子。在《莊子．雜篇．寓言》裡，已見上述傳說故事的雛形：「陽子居南之沛，老聃西遊於秦，邀於郊，至於梁而遇老子。」陽子居與老子在梁無意間相遇了。此處即後世著名的汴梁，也就是今天的開封。

見了陽子居，老子仰天嘆曰：「始以汝爲可教，今不可也。」老子直說孺子不可教，可見兩人相見，並不是十分開心，而且老子在大路上，就這麼直接嘆氣地貶抑了陽子居。那陽子居卻只是靜靜地挨罵而沒有反應。兩人的關係如此冰冷，這究竟是怎麼回事呢？文本中的空白處，引人遐思，又令後世許多說書人對此產生了試圖填補的敘事慾望。這才發展出了上述那一段同遊的歷程。

接下來，莊子描寫了一個像電影般的場景：「至舍，進盥漱巾櫛，脫屨戶外，膝行而前。」陽子居請老子到他家中休息。他自己則去沐浴梳洗，並將鞋子脫在戶外，膝行來到老子面前。這一段描述，既出現了本地房舍，又有「膝行而前」云云，後世也就逐漸改編爲陽子居在梁置產買豪宅，又聘了大量的僕人來伺候，而且上述故事中，他初見老子便立刻跪到面前去請益，這個情節也許是從「膝行」演化而來的。

那麼陽子居想問什麼問題呢？莊子繼續鋪陳：「向者弟子欲請夫子，夫子行不閒，是以不敢。今閒矣，請問其過。」老子曰：「而睢睢盱盱，而誰與居？大白若辱，盛德若不足。」陽子居希望老子能夠指出他的過錯，而老子的回答是：人千萬不要高傲！陽子居一聽，蹴然變容曰：「敬聞命矣！」以老子的話來說：眞正清白的人仍時刻覺得清白會被玷汙；而擁有盛德之人，並不以爲自己是無可匹敵的。經過老子的教導，陽子居去掉了一身的矜誇，此後經常與人打成一片，所以大家也就沒有再把他當作外人來看待了。「其往也，舍者迎將，其家公執席，妻執巾櫛，舍者避席，煬者避竈。其反也，舍者與之爭席矣。」這裡的情節，後世逐漸發展成為他們渡船前後，陽子居的轉變。

莊子對於說故事一直是很有興致的，尤其滿愛說老子的故事。而奇聞逸事的生成，從歷代的角度來看，又像是一場漫長的接力賽跑，後面的敘述者在前人空白處，接續著塡補、鋪陳、刻劃與著墨……，使得故事愈趨合理與縝密，篇幅也能有所開展。有趣的是，故事中老子所說的種種教誨，其實都是莊子本人想說的話，而無論莊子將自己的思想寄託在誰的身上，他都澈底發揮了寓言的功能。這篇故事的標題正是〈寓言〉。所謂寓言者：「寓」，是寄寓；「言」，指故事。作家藉由故事來傳遞某種生活啓示與人生哲理，雖是曲折了一點，卻是一條深入人心最簡捷的道路。並且說說老子的故事，其實也是莊子上下匯通老子思想與梳理自家體會的重要渠道。

老子．莊子．天演論——嚴復的點評

清末翻譯《天演論》的嚴復，他是福州人，曾經很有系統地將西方社會之哲學、政治、經濟，乃至於科學等專著譯介到中國。他的譯著對於當時國人思想的啓蒙，產生了很大的影響。除了翻譯西方作品，嚴復也曾經註解和評析過《老子》與《莊子》，而且是就他長年翻譯西方著作的心得來重新看待這兩部道家經典之作。他的好友，詩人兼書法家，同時也是桐城古文派的後學曾克耑說：「余獨有慨於老子之說，既蒙昧兩千餘歲，得嚴氏而後發其眞，嚴氏一人之力不足以發之，猶必藉泰西往哲之說以發之，則東西道術有待於疏通證明之亟也。」

曾克耑如此高度評價嚴復註解的《老子》與《莊子》，尤其是在以西方哲學來疏通東西道術這方面，可以說是開啓了兩千年來未有的新局面。

曾克耑此話反映出當年時代的急迫性，就是希望能夠將西風引進，以匯通中學。例如：《老子》第四十八章云：「為學日益，為道日損。」西方人在科學研究的方法學中，有所謂的歸納法與演繹法。而嚴復認為，所謂「日益」其實就是一種歸納，而「日損」則是演繹。因為歸納法實際上是一種推理邏輯，它在個案的觀察中，將性質相屬的類型做歸結，然後基於反覆再現的現象，進而提出其內在固定的規律。至於演繹法乃是從已知的事實進而推論其最終結果。因為歸納是從個案一直發展到普遍的現象，所以嚴復認為這是「日益」；而演繹法所推導出的結論範圍通常不會大於已知的前提，因此這是「日損」。

老子在「為學日益，為道日損」這句話中告訴我們，求學需要天天有所得，一日復一日地累積，才能夠發展出大學問。至於求道，老子的思想在於無為，於是我們每天都務求減低慾望與多餘的行動，這個功夫需要持續不懈，最後終於達到無為之境。因此嚴復以為求學與求道之法則可與西方的歸納、演繹互觀。關於歸納法，他還舉出《莊子．天道》中一個木匠製車輪的故事。

有一天，齊桓公正於高堂之上念書。有個工匠名叫輪扁，他看到一段木頭，想要帶回去做車輪。當工匠看到君王如此專心於書本，不禁好奇上前詢問：「君王在看什麼書？」齊桓公說：「這是聖人之書。」「聖人？還活著嗎？」「早就不在世了！」齊桓公有點不耐煩了。可是輪扁還不滿意，因此他又繼續說：「既然人已經死了，那麼君王所讀的書不過就是古人的糟粕罷了。」齊桓公陡然變色罵道：「你怎敢放肆議論！」只見輪扁不疾不徐，從容地說道：「我以我做車輪來打個比喻，我砍伐木頭製造車輪，把它們做得又圓又行動靈活，這是需要很熟練的功夫，否則接榫的地方不牢靠，車子行動間便不穩固。也就是說，輻條和車轂之間的空隙如果太寬則容易鬆脫，要是太緊又無法接榫，要做到分毫不差的地步，只能倚靠長期的磨練才能夠得心應手。這種事不是單純的藉由口傳或是書寫而能保存下來的。即使是我的兒子，如果他不在實作上反覆磨練，也不可能做到分毫不差。所以我想既然聖人往矣，那麼他所留下來的這幾本書，也就不算是保存精髓了。」

很多古老的手藝都是靠著老師傅從畢生的經驗中千錘百煉出來的，它不是概念性的知識，而是需要實際操作的一門技術。在這個問題上，嚴復受到英國哲學家穆勒的影響，認爲這名工匠所說的，乃是從一個人的案例發展到普遍現象之典型歸納法。因此，對嚴復而言，道家哲學有近於西方科學之處。

老子還有一段著名的話：「天地不仁，以萬物爲芻狗；聖人不仁，以百姓爲芻狗。」嚴復認爲：「此四語括盡達爾文新理。」達爾文的演化理論其實就是一種自然選擇，讓利於生存者越繁殖越多，而成為普遍的生物，反之，不利於生存者就會變得愈來愈稀有。這算是一種與生俱來的「進步」傾向。爾後，進化論便逐漸運用在科學與各領域中，包含：農業學、人類學、生命科學，甚至於人工智慧等等。而老子所說的「芻狗」，那是一種用乾草綁紮而成狗形的祭祀品，一般會在祭典過程中予以焚燒。即使沒有用完，大多也會被丟棄。因此，統治者若無心於萬物和百姓，也就是放棄他們，任由他們自己生長，不適合生存者，便自動淘汰。如此乍看似乎很殘忍，但老子認為，唯有天地和聖人不仁慈，這世界才能恢復公平。因為如果老天偏愛人，或是偏愛某一種生物，那就是對其他物種的不平等。君主盡力保護一方的百姓，也很可能造成另一方百姓的損失或傷害，因此唯有天地無心、聖人不仁，一切無為而治，才能任由百姓和萬物進入一種「自然選擇」的狀態，因此嚴復認為老子所云，正呼應了《進化論》開宗明義的道理。他在老子這段話之後，批語寫道：「天演開宗語。」

還有《莊子．至樂篇》中指出：「種有幾，得水則為㡭，得水土之際則為蛙蠙之衣，生於陵屯則為陵舄，陵舄得鬱棲則為烏足，烏足之根為蠐螬，其葉為胡蝶。胡蝶胥也化而為蟲，生於灶下，其狀若脫，其名為鴝掇。鴝掇千日為鳥，其名曰乾餘骨。」一顆種子能產生萌發的狀態，乃源於極細微的因素與契機。一旦它得到了水，發出生長的機會，水與土交接融合，種子就會長成綠草或青苔，如果是生長在山丘或高原上，它會變成車前草，車前草再得到動物糞土的滋養，就會長成烏足，而烏足的根能變成蠐子，它的葉子又變成蝴蝶。接著蝴蝶又變成蟲，而且這種蟲聚集在灶下，被人們稱之爲鴝掇。鴝掇活了千日以後，化爲鳥，名叫乾餘骨，乾餘骨的唾液生出斯彌，斯彌變成蠛蠓，而頤輅就是從蠛蠓中形成的。此外，黃軦乃是從九猷中生出，瞀芮從螢火蟲中生出，而羊奚草與不老筍的老竹相結合，老竹便生出青寧蟲，青寧蟲又生出赤蟲，赤蟲生出馬，馬生出人……。

一顆種子能發展出如此巨大的能量，極近千變萬化，這是因爲它有內在微妙的生命力。嚴復以此作爲能夠與西方生物學產生對話空間的依據：「莊子於生物功用變化，實已窺其大略，至其細瑣情形，雖不盡然，但生當二千餘歲之前，其腦力已臻此境，亦可謂至難能而可貴矣。」

在政治方面，老子的小國寡民主張：「使有什伯之器而不用，使民重死而不遠徙。雖有舟輿，無所乘之。雖有甲兵，無所陳之。使民復結繩而用之。甘其食，美其服，安其居，樂其俗。鄰國相望，雞犬之聲相聞，民至老死不相往來。」這讓嚴復想起了孟德斯鳩主張三權分立，以行政、立法、司法三權制衡，防止專制統治侵犯了人權：「如是之世，正孟德斯鳩《法意》篇中所指爲民主之眞相也。……嗚呼！老子者，民主之治之所用也。」類似的觀點也出現在《莊子・應帝王》中，郭象解釋「應帝王」這個篇名：「夫無心而任乎自化者，應爲帝王也。」君主不干涉人民的生活，而民眾也應該回歸本心，順應本性，避免讓統治者強制干涉。據嚴復看來，這些篇章都呈現出自由主義的精神：「此篇言治國宜聽民之自由。」

嚴復透過西方近代學術來重新省視老莊哲學，將兩者之間原本遙不可及的距離，瞬間化爲無形。可是老子和莊子的時代太早，因此看起來倒像是老莊思想影響了西方世界。如此使我想起了「老子化胡」的故事。傳說老子在函谷關寫下洋洋灑灑五千言，表現出他對於宇宙人生的見解，此即爲《道德經》。接著他便毫無負累地前往西域各國弘道，雲遊四海，同時教化人心。這麼說來，也許老子的撰述可能眞的曾經影響了西方人對於道德、政治、社會、人生，乃至於生物科學等事物的基本看法，也未可知呢！

延伸思考

如果你一個人正乘船渡河，這時發現迎面而來另一艘大船，眼看著就要撞上你的船了！你急著大喊，但是對方的船隻沒有任何反應，當兩艘船激烈地相撞之後，你才發現撞上來的是一艘空船。這時候你的怒氣是會消失得無影無蹤呢？還是會宣洩到哪裡去？

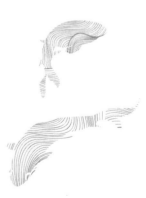

第二單元

走自己的路

屠龍歲月……——莊子的極短篇

其實莊子就是個小說家，當他給故事人物命名的時候，其間往往充滿了深刻而豐富的意象，就像曹雪芹在《紅樓夢》裡賦予各色人物的姓名，也都是有典故，有來歷，更有其用意的。《莊子．列禦寇》裡的「朱泙漫」與「支離益」就是一組很好的例子！「泙」（音ㄆㄥ）是個狀聲詞，我們只要看唐詩：「花低池小水泙泙」，就能猜想到這個字是模擬水流澎湃撞擊的聲音。事實上柳宗元有更激烈的用法：「漰泙洞踏者，彌數千里。」這麼激昂的水流，多到滿溢了出來！所以這篇小說的主人公名字叫做「朱泙漫」，莊子賦予了他命中帶水的性格。

古老中國很早就出現五行思想，在莊子生活的戰國時期，民間已有「五材說」。《國語．鄭語》記載：「以土與金、木、水、火雜，以成萬物。」而《左傳》亦云：「天生五材，民並用之，廢一不可。」到了《尚書．洪範》說得更清楚：「五行：一曰水，二曰火，三曰木，四曰金，五曰土。水曰潤下，火曰炎上，木曰曲直，金曰從革，土爰稼穡。」既然莊子的時代已有五行觀，那麼他給朱泙漫這麼一個水勢盛大、澎湃洶湧的名字，其中可能蘊藏著作者對「水」德的寄託。同時，因著這般文字意象，我們可以聯想起故事中人聰敏好學、具有水流一般的行動力，不僅有智慧，而且其包容性亦如同江海之寬闊。而且我們也別忘了老子的「上善若水。水利萬物而不爭，處眾人之所惡，故幾於道。」水的智慧，是以天下最柔弱而能順勢改變自己形狀的秉性，來呈現「不與人爭」的美德。這是眞正的大智慧。於是朱泙漫選擇了屠龍的事業。

這位包容性極強，守柔處下，凡事不與人爭的朱泙漫，找到了支離益，並向他學習屠龍。支離益這個名字起得更好！「支離」這個詞，我們今天還用，它是殘缺、孱弱的意思。「益」就代表有好處。看來殘缺或孱弱之人反倒好，《莊子．人間世》云：「夫支離其形者，猶足以養其身，終其天年。」在這個篇章裡，有一個人名叫支離疏。他長得眞是太奇怪了！肚臍裡生出一個臉來，肩膀在頭頂之上，頸椎高高拱起，面頰歪斜，雙腿連在腋下……。莊子眞有想像力！支離疏的畸形長相，寫得異常支離破碎！遠遠超過了十九世紀生於法國貝桑松的浪漫主義作家雨果，他曾傾盡全力所刻劃出「鐘樓怪人」。

支離疏日常爲人縫補洗衣、篩米糠，做許多勞務來養活一家十口人。後來，國家要打仗，挨家挨戶徵兵，眼見人心惶惶，老百姓痛苦難當，而支離疏卻拉起了袖子，以手臂當枕頭，遨遊在美夢之中。每當國家需要人力服徭役時，他也都是第一個被豁免的。可是當政府要發放救濟品給老弱貧病者，他就會領到三鍾米加上十綑柴。所以在〈列禦寇〉裡的支離益，其實是最終得到益處的人。雖然天生形體殘缺，但卻是因為這樣的殘缺，反而使他可以享盡天年，這正是〈逍遙遊〉所謂「無用之用是為大用」：

「今子有大樹，患其無用，何不樹之於無何有之鄉，廣莫之野，彷徨乎無為其側，逍遙乎寢臥其下？不夭斤斧，物無害者，無所可用，安所困苦哉！」

在惠子看來「其大本臃腫而不中繩墨，其小枝卷曲而不中規矩」的大樹，確乎是不實用的。然而殊不知世俗眼光中的不實用，卻正好是莊子眼裡的大用！這其中還包含了另一層值得我們深思與學習的道理：惠子總是在抱怨人、事的缺點；而莊子則傾向於讚賞事物的優點。

至此，我們可以來看看莊子所寫的這篇小說了。這篇小說是個極短篇，而且我認為是這世界上數一數二令人讚嘆的極短篇。故事只有一行，卻非常耐人尋味，引人沉思。

「朱泙漫學屠龍於支離益，單千金之家，三年技成而無所用其巧。」

朱泙漫這個充滿「水」德之人，聰明而謙下，一旦進入了學習狀態，就會不顧一切，甚至不問學會了以後，能不能因此而找到工作？總之，他拋棄一切，散盡家財，一心一意要學得屠龍之術。

三年之後，他終於學會了屠龍，而結果是：「無所用其巧」。在這一個句子裡，我覺得還需是要在「巧」字上，下一點功夫。老子曾說：「大巧若拙」，於是我們看到「巧」與「拙」是對立的概念，「巧」是指人工精巧，而「拙」的意思乃是自然樸拙。老子還提出「大方無隅」、「大音希聲」、「大象無形」、「大直若屈」、「大辯若訥」、「明道若昧」等原則。因此朱泙漫的屠龍之學，容或就是一番修道的歷程，他一路摒除所有人工的精巧，在「爲道日損」的身體力行實踐裡，終於回歸自然樸拙。於是「巧」需要摒除，而「拙」才有境界。

同樣在〈列禦寇〉裡，莊子說：

「知道易，勿言難。知而不言，所以之天也；知而言之，所以之人也。古之人，天而不人。」

對「道」的領悟，融會貫通與生命之中，那是天的境界；然而若是體會了「道」，便夸夸其談，那就是人爲的精巧了。

朱泙漫「無所用其巧」，正是到了「天」的境界。

走自己的路——莊子談「隨侯之珠」

生活在現代社會，每個人的價值觀都不盡相同。有些人追求成就感，有些人喜歡爲善不欲人知，有些人創造財富，有些人非常謹慎地維護自己的健康……。然而我們也可能不小心就走到對既定的人生目標突然產生迷惘，甚至感到倦怠的低谷時期。如何克服這人生的瓶頸，而重新回到有動力的生活？我想，眞誠地面對自己，做到自我深刻的探索，將自己認爲對的事情，以及想做的事情，一一記錄下來，也許自我省察與定義，是同時能夠克服人生低潮的好方法。那麼莊子是否曾經教我們認識自己，成就自我呢？我想是有的，就在《莊子・讓王篇》。它不僅讓我們認識自我，同時也提醒我們應該時時評估與檢視自己是否迷失了人生的道路。故事是這樣說的：

魯哀公，一個很無用也終身無奈的國君。他在位的時候，朝政完全被「三桓」所把持。他當然很想將權力收回，結果反而被那三家大夫給放逐了！最終死在國外。

不過有一段時間，魯哀公聽說顏闔是一位賢哲，只是家裡很窮，住的地方也相當窘迫！魯哀公於是派了使者帶上禮物，來看顏闔，希望能夠延攬他。我注意到古人晉用或擢升人才，其準則首重道德，其次是才能。這一點值得我們思考，甚至於借鏡。總之，使者來看顏闔的時候，顏闔正在放牛。使者問道：「你們這兒有一位名叫顏闔的人嗎？」顏闔隨即表明了自己的身分，那使者當場就把禮物送給他。可是顏闔說什麼也不肯接受，當然也就嚴拒入朝為官。顏闔甚至想把公差給轟走。然而這批魯哀公派來的使者說什麼也不死心，又不惜改以哀求的姿態來拜託顏闔接受禮物。最後，使者實在沒辦法，只好抛下禮物，轉身就走！迫使顏闔收禮。

莊子為此，心生感嘆，這世上像顏闔這樣的人，恐怕非常稀少啊！他無意於富貴，就算富貴自己送上門來了，他也不要，真是一點都不動心。一般人剛好相反，為了追求富貴，有時候連命都不要了。自己的命與外在的富貴，究竟孰輕孰重？很多人都想不明白。所以莊子就再說一個故事，讓人們從中去體會。他說：從前從前，有一個人，他喜歡拿彈弓去打鳥。他所打的鳥只不過是一般的小雀兒，可是他所使用的彈丸，卻是珍貴異常的「隨侯之珠」。拿很貴重的東西去打輕微的事物，就好像你用生命去換取富貴一樣，真是本末顛倒，令人大嘆不值啊！

有趣的是，「隨侯之珠」是出自於神話的典故。在《淮南子．覽冥》中記載：春秋時代，隨國的國君救了一條受傷的大蛇，到了夜裡，大蛇又回來了，不僅回來，還銜了一顆夜明珠來報答隨侯之恩。於是這顆直徑有一寸大的夜明珠，就成爲傳說中的「隨侯之珠」。這顆天底下最貴重的明珠，如今我們知道，它其實就是一種螢光石，其生成的原因，在於地球底層本身存在著某些會發光的物質，在經過幾千萬年之後，隨著火山熔岩爆發出來，並且熔於礦石之中，同時它也一直含有能發光的元素。一旦被人發覺，在經過開採、打磨、拋光等等加工程序之後，它就能發出黃、綠、藍、紅等等各種顏色的光芒，尤其是在燈火下照耀，那美麗的螢光，眞使人讚嘆不已！而且像這樣的螢光石，自然是相當罕見的，所以莊子不認爲拿這樣珍貴的寶石去打鳥，會是值得的一件事：「今且有人於此，以隨侯之珠，彈千仞之雀，世必笑之。是何也？則其所用者重而所要者輕也！」

事實上，「隨珠」除了實指珍貴的寶物之外，它還可以用來讚美具有智慧與才德之人。像是上述故事中的顏闔，道德品行、學識才能都好，就能夠被稱爲是「隨侯明月」或「靈蛇之珠」。而事實上，在莊子的心目中，顏闔是眞正有道之人，他不曾將名利看得比自身的修道來得重要。而眞正的道，是先修養自我，行有餘力才能治國。至於治理天下，只有聖人做得到。顏闔非常清楚自己的目標，也絕不好高鶩遠，因而能夠成全自我，走在自己眞正想走的道路上。

一雙沒有生命的眼——《莊子・達生》

除了金庸之外，我也很喜愛古龍的武俠小說。總記得他在《多情劍客無情劍》中寫道：「荊無命臉上，就像戴著個面具，永遠沒有任何表情變化。阿飛的臉雖也是沉靜的、冷酷的，但目光卻隨時都可能像火焰般燃燒起來，就算將自己的生命和靈魂都燒毀也在所不惜。而荊無命的整個人卻已是一堆死灰。」讀了他的小說之後，總覺得「人多情，劍無情」，這是孤獨俠客的寫照。在江湖上獨來獨往的劍俠，往往身世如謎，而且外表給予人堅毅剽悍的印象，並且使劍迅疾……。這樣的形象，多使人著迷！

往後繼而一想，不知道在成功中學時代便有詩稿刊登的古龍；高二時曾離家出走而加入四海幫的古龍；一邊從事武俠小說創作，同時就讀淡江英專英語科的古龍，是否也曾經受到《莊子》的影響？因爲他筆下的劍客，沉靜而且冷漠，外型包括眼神就如同槁木死灰，詩人乍看之下，英雄無淚；然細心體會，卻又是明劍風流。像極了《莊子・達生》裡所向披靡的鬥雞。

紀渻子爲王養鬥雞。十日而問：「雞已乎？」曰：「未也，方虛憍而恃氣。」十日又問，曰：「未也，猶應嚮景。」十日又問，曰：「未也，猶疾視而盛氣。」十日又問，曰：「幾矣，雞雖有鳴者，已無變矣，望之似木雞矣，其德全矣。異雞無敢應者，反走矣。」

紀渻子爲周宣王馴鬥雞。其實這是玩物喪志的娛樂，可嘆的是，當時連周王室也掉進這個漩渦裡而無法自拔。周宣王跟人比賽鬥雞，十分投入，玩得不亦樂乎！所以他急著問紀渻子：「鬥雞是否馴養好了？」紀渻子說：「還沒。這隻雞現在正是處在驕傲自矜、志得意滿的狀態中，絕對不能上陣。」周宣王只得再等，又過了十天，他又問紀渻子：「雞訓養好了嗎？」紀渻子依舊回答：「還沒。他現在只要有一點風吹草動，看到個人影什麼的，馬上又叫又跳，這麼急躁，怎麼能夠出征呢？」

又過了十天，周宣王好不容易耐著性子再問紀渻子，紀渻子只是說：「唉，不行啊！牠還是那麼樣地顧盼迅疾，意氣風發啊！這樣眞的不行！」最後，終於又過了十天，紀渻子告訴周宣王：「總算大功告成了！現在就算是在擂臺上，那對手有什麼花招，有什麼舉動，牠看起來都不會有任何反應，整個看上去，彷彿是一隻木雞。因爲牠所有的精神都凝聚在內部，進而透顯出一股非常凌厲的攻勢，因此其他的雞能感受到牠內在蓄勢待發的殺傷力，便連鬥也不敢鬥，只一看到牠，就一個勁兒地掉頭就跑。」周宣王於是開開心心地帶了這一隻呆若木頭的鬥雞上擂臺了……。

我想，生活在這世間，即使是最與世無爭的人，都避免不了生命中一場又一場無休止的競技。若是想要贏得比賽，那致勝的關鍵便在於「形神內斂」、「動靜以時」。事實上，擁有高超技巧的人，和眞正有大智慧的人，他們都有一個共同的特性，那就是深藏不露。也許外表看起來笨拙怯懦，但眞實的情況是，他們始終處在冷靜而沉著的狀態中，絕不心浮氣躁，因此能夠在關鍵的時刻，展現出非比尋常的出擊！

莊子是很會說故事的人，而且在他的故事中，能讓我們思考深刻的道理。外表看來愚鈍，內在卻積蓄著強大的張力，而且兩者都達到了極致，在必要的時刻，可以瞬間轉換，這也是道家的辯證法則。當然莊子重視的還是人內在的精神修養，所以這個故事其實是藉由鬥雞的馴養，來提醒世人任何技能訓練到達極致時，因爲十分專注而形神內斂，那選手便進入到呆若木雞的狀態。如此一來，在對手的眼中，他便只看到一個平凡到不能再平凡的人，而沒有人會對平凡的人心生戒心。如此喜怒不形於色，也可以說是老謀深算，但是自古以來，人們確實很憧憬這種不動聲色而且諱莫如深之人。因爲他們面無表情，所以很難從外表上探測他們眞正的的實力。反之，那些張牙舞爪、鋒芒太露的人，就不怎麼可怕了。可怕的是，平時看來相當樸實，對於外在環境的異動完全沒有反應，旁人以爲他是過於笨拙，其實那是凝神聚精到對於其他不相干的事物一律視而不見，卻只在關鍵時刻奮力一擊，於是敵人完全無從招架。

興奮的人並不可怕，但若是遇到非常冷靜的對手，那我們就得小心了。古龍筆下的荊無命，身材高大，袖口緊束，手指骨凸出，而且左右手都能使劍。更可怕的是，他的眼睛是死灰色的，那是不帶感情，甚至於沒有生命的一雙眼。如此詭祕，不要說他每一出手都讓人意料不到，就算他不出手，敵人也已經望風披靡了。

用志不分，乃凝於神——莊子「佝僂者承蜩」

比較上來說，我喜歡舊版的《神鵰俠侶》，特別是裡面有一段「天羅地網」的情節，金庸透過楊過的眼睛看見：小龍女推開一扇門進入石室。那石室出奇的小，屋頂又矮，只見小龍女解開一個布袋，袋子裡瞬間飛出三隻麻雀來，然後小龍女對楊過說道：「你把這三隻麻雀都捉來給我，不可以弄傷了牠們。」楊過於是開始一路東飛西撲，直到氣喘吁吁，最終累得滿頭大汗，別說一隻麻雀，他竟然連羽毛也碰不到一根！

小龍女爲了幫助他，便開始教授楊過竄高躍低、抓撲拿捏等等法門。楊過實在很聰明，因此這上乘武功的訣竅，他自然是能夠心領神會，只是一時之間還不容易使得順手，這必須花長時間琢磨與練習。當他練到第五日，終於抓到了一隻。楊過很得意！然而小龍女卻冷冷說道：「一隻有什麼用？要連捉三隻。」於是楊過只得更加勤練直到精疲力盡爲止。終於在第八天，他真的一口氣將三隻麻雀全給抓住了！

小龍女高興之餘，決定將這古墓派的入門功夫傳給楊過，此外又授予他輕功提縱之術，以及擒拿的功夫。此後練習的石室愈來愈大，麻雀也愈來愈多，最後是在大廳中捕捉足足九九八十一隻麻雀。而且只在短短三個月的時間裡，楊過便將八十一隻麻雀都手到擒來。小龍女見他進步神速，心中更加歡喜，便帶他走到墓外，一起呼吸著新鮮的大自然氣息。在這暮春三月，枝頭紅粉嫩綠，空氣中的花香草氣直透入胸中。小龍女將袋口一抖，八十一隻麻雀一齊飛了出來，就在此時，她伸出纖纖素手，往東一收，再向西一拍，將兩隻振翅飛出的麻雀即時擋了回來。接下來小龍女輕輕鬆鬆一擋一揮，那八十一隻麻雀都只能聚在她胸前三尺之內。只見她雙臂飛舞，像是舞蹈一般，那雙手便猶如千手觀音一般幻化成八十一隻手掌，任那八十一隻麻雀無論如何，也飛不出她的手掌範圍。

直到一盞茶的功夫之後，小龍女雙掌一揚，那些麻雀驟然沖天飛去！那些小麻雀們本以為自由了，可是小龍女卻將長袖一揮，兩股袖風頓時又將八十一隻麻雀盡數撲跌在地上……。這套掌法讓楊過看得目瞪口呆，原本金庸取名為「天羅地網勢」，到了新修版，則改稱「柔網勢」，而且並非在斗室中練習，乃是直接到戶外捉麻雀。最後當麻雀四散，小龍女便不是幻化出無數手掌，而是改為運用掌力將牠們逼低，因此那八十一隻麻雀最終仍無法脫離小龍女掌力的束縛。

所有出神入化的功夫，都來自長年刻苦的練習。《莊子．達生》也有一個相似的故事，而且故事主角又再度選定莊子最愛的人物之一——孔子。

話說孔子前往楚國，路經一片樹林，在這片樹林中，他看到一個神乎其技的現象。有位佝僂老者，正舉著很長的竹竿，往樹梢間沾黏知了。他的技術很高超，幾乎十拿九穩，只要他看到的知了，沒有黏不下來的。而且他的動作也很靈活快捷，整個人看起來輕鬆愜意，彷彿在玩遊戲似的，將作勢欲飛的知了玩弄於股掌之間。其情狀實不亞於小龍女。

孔子大驚！趕緊趨前請益：「老先生，您這是怎麼做到的？」這佝僂的長者便說道：「我們做事情都是有方法的，我就是在每年夏天，知了正多的時候，我就拿著竹竿頂兩顆球，不讓球掉下來，訓練一段時間之後，再來黏知了，那知了就不容易從我的手中飛走。如果我可以頂三顆球，而且球都不落地，那麼這林子裡大約九成的知了，就都在我的掌握之中了。倘若我能頂住五顆球，那麼在沾黏這些樹上的知了時，便猶如探囊取物，可以說是輕而易舉了！」

孔子觀察這位老先生，當他站立的時候，猶如木樁一般穩扎穩打；長時間高舉著手臂，也不會顫抖；而且他沾黏知了時，無論外在世界有多少繽紛的色彩，有多麼紛繁的聲響，都不能分散他的專注力。因爲這時他的眼睛裡只有知了。

孔子聽完這位老者的話，忍不住回頭看著他的弟子們：「我們在這位佝僂的老人身上學到無論先天條件如何，只要專心致力於學習，以至於達到忘卻外在世界一切的地步，並且持續不斷地辛勤苦練，就有可能在某個領域上逐漸攀登至出神入化的境界。」

莊子藉由孔子的口中說出：「用志不分，乃凝於神。」這八個字，用語好精練！修辭也很美！其文意又實在是我們終身學習者最好的座右銘。

但求一知己——莊子〈徐無鬼〉「運斤成風」

周朝延陵季子解下寶劍，掛在徐國國君的墓樹上，除了信守當初自己內心曾許下的承諾，我以爲他也是爲了重視與徐君之間的友誼，視他爲知己。這場君子之弔，出自《史記·吳太伯世家》：「於是乃解其寶劍，繫之徐君冢樹而去。」

提到名劍，我好幾次到湖北博物館，都去觀賞那把著名的越王劍。這把劍雙面都有菱形鏤紋，護手的正面鑲上藍色的琉璃，而背面則是鑲嵌雕花的綠松石。整把劍身都經過硫化處理，既防腐又強韌。古人的冶金技術竟然能達到這樣高超的水準！眞令人佩服。而且據說這把劍剛出土時，瞬間寒光逼人，鋒利無比。

吳越一帶既出如此名劍，我們因而可以想像當年吳國公子札的佩劍是多麼上乘的藝術作品，因而使得徐國國君，既滿心喜愛又不敢開口索要這國寶級的名品。

其實徐君不說，季札心裡也透亮明白，他們彼此之間很有默契，而且惺惺相惜。季札默禱：從晉返回後，定要將這寶劍奉上。「延陵季子兮不忘故，脫千金之劍兮帶丘墓。」君子重「心諾」，這是人間最美最含蓄的友情故事。

另一個美麗卻令人感傷的故事，不在寶劍，而是古琴。楚國的樂尹鍾建之後鍾子期，他是伯牙的知音。伯牙一彈琴，鍾子期就彷彿看見了：「巍巍乎若高山，蕩蕩乎若流水。」兩人默契十足，因而結爲金蘭。以至於鍾子期死後，伯牙感傷萬端，以世間再無知音，因而終身不再鼓琴。

第三個美麗哀傷卻又透著點離奇的故事，是莊子說的。在〈徐無鬼〉中，莊子一生的摯友惠子過世了，莊子去送葬，來到惠子的墳墓前。內心一時難捨，爲了說明他們是一輩子的知己，莊子即興對隨從說了一個故事：「從前有個郢都人，不小心鼻子上沾了一點蒼蠅翅膀般的白灰，他於是找來一位姓石的工匠朋友替他將如此輕薄的白灰削掉。這石匠揮起斧頭，只聽『呼』的一聲風響，這個郢都人任憑斧頭向他的鼻端揮去，依然站立不動，而白泥點竟然瞬間除去，那郢都人的鼻子不僅安然無傷，並且立刻乾乾淨淨。他可是從頭到尾都臉色自若，且氣定神閒哦！」

許久之後，宋元君聽說了，感到非常好奇，趕緊把這名工匠召來問他：「能否再做一遍？」只見石匠一臉淒然：「我確實曾經用大斧削掉了一個人鼻尖上薄薄的泥點，但是現在那個人已經過世很久了！自從他死去，我再也沒有人可以做這樣的事了。」

莊子與惠施的感情，竟是這樣鋪陳和比喻的。他們雖然年齡相仿，但是思想觀念卻相差得很遠，因此莊子形容那是對手型的知音。古人說：道不同不相爲謀，但莊、惠二人卻是道不同而互相爲友。他們兩人都學富五車，自視甚高，善辯而又高才，因此一生爲眞理而爭，濠梁上的魚樂之辯、〈秋水〉的「腐鼠論」，爾後莊子妻死，竟鼓盆而歌……，他們一輩子都在較量境界的高低。最終還是莊子超脫生死的豁達胸襟，蓋過了惠子的「人固無情乎」與「大而無用」等激問，構成了戰國時代最精彩的哲學論辯，而下一場世紀知音論辯，大約要到北宋的蘇東坡與佛印，才能重現吧！

既爲知己，又逢敵手，實屬百年難得。因此當惠施辭世，莊子只能惋惜哀傷地說道：「自夫子之死也，吾無以爲質矣，吾無與言之矣。」他從此再也沒有可以切磋論談的對象了。

人生缺少知己，就像在茫茫大海上，始終找不到靠岸的島嶼。那份落寞與孤寂的苦，石匠知道，伯牙體會，季札亦深知。至於莊子呢，只能在經年累月裡發出綿綿不絕的感傷喟悼吧……。

文學家的桃花源——莊子「宋人資章甫而適諸越」

近年來，校園內吹起一股「漢服」風。大家在學習和觀摩各種古代服飾的過程中，也逐漸理解到隨著時代的演變，古人服裝的種類曾經衍生出多麼紛繁的形制，例如：交領中腰襦裙外加披帛、交領襦裙之外再套褙子、對襟齊胸的襦裙、交領襦裙外穿半臂再加一領披帛等等。

至於漢服的首服，也是我很感興趣的焦點之一。因爲女生都喜歡髮簪、金釵、翠翹、梳篦、步搖等等佩飾。我也曾經戴過宋代形制綴滿珠翠的鳳冠，眞是美極了！還有每回去到常州，我都喜歡逛逛百年梳篦店，店裡有各種雕花、描花、刻花、燙花、嵌花等工藝精美的梳子。甚至於在《紅樓夢》裡所提到的簪花，則既有各色新鮮的花朵，也會在隆冬時節，出現栩栩如生的絹花，而使我產生很大的想像空間。

女性的頭飾如此美麗及富有變化，那麼男性的冠冕，又是如何呢？古代男子的首服除了冕冠、雀弁、武弁、通天冠等等之外，還有各式各樣的頭巾與網巾。像是《金瓶梅》裡的西門慶，他就是：「頭上戴著纓子帽兒，金玲瓏簪兒，金井玉欄杆圈兒。」除了帽子、金簪、網巾圈之外，西門慶還向潘金蓮索要頭頂上一綹兒好頭髮，用來做網巾的頂線兒；另外，謝希大爲了湊份子，交出了一對鍍金的網巾圈。日後衝著這樣有價值的網巾圈兒，陳經濟便拿它來換紅睡鞋。由此看來，首服不僅品目繁多，而且樁樁件件都是有價之物。而章甫的價值，其實在古老的文獻《莊子．逍遙遊》裡，早已呈現：「宋人資章甫而適諸越，越人斷髮文身，無所用之。」「章甫」就是首服中用於典禮的冕冠，以黑絲絨布製成。它的出現，最早可以追溯到商朝，後世逐漸成爲文人士大夫所戴的帽子。在《論語．先進》中亦曾提到：「宗廟之事，如會同，端章甫，願爲小相焉。」孔子與四位弟子：子路、曾皙、冉有、公西華各自言志，公西華的志向是在宗廟祭祀典儀之中，穿禮服，戴禮帽，做爲讚禮人。而莊子所說的就是關於這種禮帽的故事。

有個北方人從宋國批發了貨物到南方去販賣，他的主打商品就是各式各樣的帽子。然而他萬萬沒想到，這些價值不菲、純手工打造的精緻禮帽，到了南方，卻一頂也賣不掉！原因是越國人天氣一熱，索性把頭髮都剃掉，打了赤膊，還要紋身，才覺得好看。既然連頭髮也不要了，怎麼還會想戴帽子呢？這個故事到了西晉文學家張協那裡，陡然轉爲不慕名利，寧願放棄官場生活的自我剖白。他曾經在一組〈雜詩〉中說道：「昔我投章甫，聊以適諸越。行行入幽荒，歐駱從祝髮。」「歐駱」是指越國的君王。「祝髮」即剃髮。張協原本是作官的，無奈天下大亂，致使他當機立斷，棄官隱居，終日以寫詩自娛，即使朝廷徵召，他也稱病不出。所以他在這首詩裡面表現了自己嚮往的是到那斷髮紋身的幽荒之地，趁此拋卻戴著端正的大禮帽、穿著官服的生命拘束，且隨著越國君主，剃了頭髮，光著身體，讓自己澈底地解放吧！

到了唐代大作家柳宗元又寫下〈柳州峒氓〉：「郡城南下接通津，異服殊音不可親。青箬裹鹽歸峒客，綠荷包飯趁虛人。鵝毛禦臘縫山罽，雞骨占年拜水神。愁向公庭問重譯，欲投章甫作文身。」

柳宗元被貶永州司馬的時間長達十年。在此期間，他的心情一直處於低谷。直到調任柳州刺史之後，柳宗元的觀念才有所轉變。他開始關心地方百姓的生活與風俗，並深深體會他們的疾苦。他看到柳州這個地方有峒族人，因爲服飾不同，語言也不相通，因此柳宗元無法與他們親近。峒族人用竹葉包裹鹽巴，以荷葉包裝食品。到了冬季，他們習慣在衣服裡面填充鵝毛，還有他們的巫師用雞骨頭占卜，而且峒族人的信仰是祭拜水神……。柳宗元觀察到了這些現象之後，不久就審到了與峒族人有關的案件，只不過每一回審訊的時候，都要找個可靠的翻譯在中間傳話，惹得柳宗元十分煩愁，最後他說：「這官不做也罷了！眞想脫掉一身官服，也在身上刺青，權且當個峒族人吧！」

莊子所說資章甫不成的故事，竟然使得後世文人發現了一個桃花源！在那裡不用著官服，戴禮帽，受到官場的束縛，甚至於是汙染。相反地，能夠還原自我本心，找回眞性情，過上沒有拘束而且自在瀟灑的生活。如此的幻想境界，實在是千古文人的大夢啊！

等待風起——逍遙遊

在孩子還比較小的時候，我們最幸福的親子時光之一，就是相互陪伴觀賞宮崎駿的動畫。尤其是像《天空之城》等作品，看著看著，彷彿我們自己也往遼闊的天空飛去。宮崎駿的創作引發了人們對於天際的無限憧憬！從擺脫大地，順勢啓航的那一刻起，我們不僅嚮往天空，更熱愛自由！

我還記得，當《風起》（THE WIND RISES）上映時，我們一起去電影院看了這部電影。那是講述明治維新後期，日本人向西方取經，研發零式戰鬥機的故事。在烽火連天、戰爭頻仍，許多人，特別是孩子們長期處於飢餓的年代，電影卻告訴我們，人不一定要吃飽，但是卻不可以沒有夢想。所以這也是一部以夢想的燦爛光輝來遮掩現實黑暗的作品。雖然很多人以為這部動畫在主題思想等方面，明顯地有別於以往的宮崎駿系列，然而如果從夢想的翅膀帶領觀眾脫離大地的負累這樣的角度來看，其實過往在宮崎駿的作品中，已經出現了許許多多翱翔天際的掃帚、從深海裡冒出來的大魚……，這些畫面，不也都反映出作者不甘於滯留或囿限在平凡的生活之中？希望脫離水澤，突破現有的環境，疾起奮飛！就像北海裡的鯤，想要化爲鵬，一旦起心動念，便因此展開了夢想的雙翼，用大鵬般的雙翅追尋生命更高遠的視角……。

因著迷戀長空游弋，電影中原本平凡的日本少年，抓緊了自己夢想的那一刻。他等待風起，也頻頻以風爲媒，最後終於在風的承托之下，飛向凡人無法企及的境界。電影裡多次出現的一句臺詞：「風起時，要更努力活下去。」彷彿是告訴我們，爲了追求不平凡的人生，必須先等待，因爲風，總是起起落落，一旦時機來臨，我們要更努力奮進！生命不僅是爲了填飽自己的小肚子而已，也不僅是如同小鳥兒，高興時，飛到樹上，不一會兒，又飛到地面。我們必須擁有一把夢想之鑰，打開塵封的心門，去接收無限的可能！

《莊子・逍遙遊》：「北冥有魚，其名爲鯤。鯤之大，不知其幾千里也；化而爲鳥，其名爲鵬。鵬之背，不知其幾千里也；怒而飛，其翼若垂天之雲。是鳥也，海運則將徙於南冥。南冥者，天池也。」

北方海中的大魚，幾千年來未曾嚮往過天空，然而夢想之鑰陡然開啓了牠轉換念頭的可能，正如想飛的日本少年，一個人但凡有了夢，就會變得很不一樣！於是大魚一念之間，轉身即成大鵬鳥。大鳥的航程非比尋常，當牠要鼓動起翅膀時，必須迎著大風，屆時必可衝上高空，至少離地九萬里！在原本受限而感到窘困的環境裡，牠勇敢且堅定地展開了翅膀，在終於自由翱翔於無限高遠的蒼穹天際時，其實大鵬的背上同時也負載著沉重的使命，這是那些飛得不高，也看不遠的平凡小鳥兒所無法想像的生命境界。因此每當大鵬展開萬里航程時，"Le vent se lève, il faut tenter de vivre!"「風起時，要更努力活下去。」法國詩人保羅・瓦勒里的詩，總會再度於你我的耳邊響起。

才全而德不形——中國版的鐘樓怪人

鐘樓怪人卡西莫多是個畸形兒。他雞胸駝背，獨眼龍、一隻腳長一隻腳短……，已經長成這樣了，還屋漏偏逢連夜雨，他既做了敲鐘人，長期撞鐘的結果，耳朵也聾了。既然聽不見，因此也失去了說話的能力。

雖然卡西莫多的容貌令人不敢恭維，但是他卻極其快樂！因爲他很天眞，純良的本性在眼、耳、口等感官的封閉下，反而保存了天性善良平和的本質。卡西莫多眞心摯愛著每天與他相伴的大鐘，每每一到敲鐘時間，他即迅捷地爬上螺旋梯，一面氣喘吁吁，一面深情款款地凝視，彷彿要對他所愛的鐘說出情話。接著他會大吼一聲！表示開始行動，然後將粗繩掛在絞盤上，金屬圓盤也開始晃動起來，而且轉速愈來愈激烈！等大鐘晃動到最大幅度時，卡西莫多亢奮的雙眼變得閃閃發亮！當所有的鐘同時在塔樓上震動時，聽不見也看不清楚的卡西莫多便依賴身體去感受木板、石磚，甚至於整座巴黎聖母院的狂吼與咆哮！此時卡西莫多的身體總會因興奮而戰慄不已！

雨果寫得最精彩的一幕是發出巨響的大鐘，打破了他絕對寧靜的官能，而卡西莫多受到大鐘激情的影響，開始像昆蟲一般，靜靜地等候著獵物。在大鐘彈回來的那一刻，他奮力地往前撲，一把抱住大鐘，然後隨著它激情晃盪！此時他不僅完全懸空，同時還用自己的身體劇烈搖盪來加快鐘擺的速度。這時卡西莫多不再是卡西莫多了，他成爲一股旋風，一陣暴雨，以及在塵世喧囂之上的一抹光暈，和一場迷離的夢。卡西莫多就像個幽靈，匍伏在大銅怪的身上……。

一個相貌醜陋的人，到底具有什麼樣的魅力？爲什麼會被作家看上，進而成爲故事裡的男主角呢？這個問題我們也可以問問莊子。〈德充符〉裡寫了一個相貌很醜的人，他的名字叫哀駘它，作者給人物取名字都是有涵義的，「哀」是哭臉的意思，「駘」就是「怠」，這個人不僅哭喪著一張臉而且非常沒有精神，「它」是指他駝背。從名字上頭我們可以想見，這個人不僅醜陋而且神情哀頹。可是令人匪夷所思的是，他其貌不揚的外表下，擁有一顆充實的靈魂，足以號召身旁所有的人來向他學習。於是男人崇拜他，女人愛慕他，他的超級魅力甚至於深深吸引了當時的君主魯哀公。爲了解答哀駘它這個謎題，魯哀公親自接見他，發現哀駘它不慕名利，沒有恆產，從未想過要建功立業，也沒有讓聲譽遠揚的任何想法。他一生也從未左右過旁人的意志。哀駘它可以說是一個最淡泊寧靜的人，而周遭的男女老少也確實都非常喜愛他，樂於與他相處。那麼他總有一點過人之處吧！魯哀公爲了了解哀駘它，於是近距離和他相處了一段時間，結果也完全沒有發現他有何過人之處。但是奇怪的事情發生了！不知道爲什麼，魯哀公就是一個勁兒地相信他，甚至於將宰相的職位交給他，以全體國家大事委託他代管。

哀駘它當然推辭了，這竟然使得魯哀公懷疑是自己長得太醜陋，所以遭到哀駘它的嫌棄！及至哀駘它澈底離開，回到衛國，魯哀公竟然失望焦慮到失魂落魄，不知如何是好的地步！他好想知道自己究竟是怎麼了，爲什麼會如此思念一個畸形殘疾之人？

他只好去問孔子，而孔子當下一語道破：「才全而德不形者也。」夫子說了一個小故事來打比方：「丘也，嘗使於楚矣，適見㹠子食於其死母者，少焉眴若，皆棄之而走。不見己焉爾，不得類焉爾。所愛其母者，非愛其形也，愛使其形者也。」一群小豬正在吸奶，不僅是想要吃飽，同時還想賴在母親身上，因爲牠們好愛好愛媽媽，而且可以感受到媽媽也好愛好愛牠們。那是靈魂的交會的時刻，分外甜蜜，倍感溫馨。可萬一就在此時，小豬們發現媽媽已經死了，而且身體愈來愈冷，牠們就會一哄而散，不再靠近母親了。因爲此時這一堆肉已經不再是母親。沒有了靈魂，失去了內在，人或者動物就什麼也不是了。

哀駘它無聲無息的美好品質與完美的靈魂，令人動容，受人仰慕，値得大家追隨。因此我們應該看到的不是一個人的外貌，而是他的精神層面，也就是他的本質，他的氣度與涵養，他不受世俗汙染因而保存善良純潔的本性，他平靜如水的性情。是故仲尼曰：「今哀駘它未言而信，無功而親，使人授己國，唯恐其不受也，是必才全而德不形者也。」孔子看見了這位中國版的鐘樓怪人，在他的內心世界擁有眞正的平靜，那是看透了生死、貧富、毀譽、得失之後所得到的安寧。所以他可以隨時隨地寵辱不驚，泰然自若。

卡西莫多在最後守護著愛絲梅拉達的日子裡，他只懂得愛。那是不帶一點世俗習氣，不沾染人間塵埃的愛。他的靈魂深處淨美和諧，一如他往常受限於感官知覺，因此反而獲得了靜如止水的自適與恬淡。儘管巴黎聖母院此時此刻正遭遇到前所未有的浩劫！黎明破曉時分，大批的吉普賽人正高舉著大木椿，朝著正門與塔樓進行猛烈和瘋狂的攻擊……。

延伸思考

也許你一向認為自己的人緣還不錯，或許還是頗受歡迎的那一類人。可是有一天當你在職場上需要同事幫忙的時候，你赫然發現，竟然沒有一個人來幫你，而且大家去幫助另外一個人了！這時候你會怎麼思考這個現象？

第三單元

用生命換來故事

臨終的嘶吼！——《莊子・大宗師》

「愛瑪像口渴似地伸直了脖子，將雙唇貼在基督身體上，再使盡平生最後的一點力氣，以及全心全意的愛，印上她最深重的一個吻。」法國大文豪福樓拜描寫的《包法利夫人》，我已經讀過很多遍。美麗多情的女主角愛瑪，終其一生都在追求如詩如夢的愛情。然而她所遇到的世間男子卻一個比一個平庸、市儈、俗氣、卑劣。夢碎的時候，她凶猛地給自己一整罐的砒霜，是對自己的懲罰，也是對這無情冷漠的世間，提出抗議！

她在彌留之際，忽然聽見門外沙啞的吟詠樂聲，那是她不惜撒謊、破產也要奔赴情人雷昂身邊時，在馬車上遇到的一個比乞丐還齷齪的瞎子，那瞎子在她耳邊唱了預告死亡之歌。「愛瑪像是觸電的屍體，彈坐了起來！披頭散髮，兩眼發直，大喊一聲：『瞎子！』隨後又猛烈狂笑起來……。」福樓拜描寫道：「那是一種凶惡的、瘋狂的、絕望的笑。」「凶惡」就是愛瑪對這個世界的認識。她耗盡半生青春與熱情所追尋的東西，直到臨終前才覺悟它根本不存在。福樓拜對愛情的質疑，對死亡描寫的狂熱，藉由愛瑪的一生來批判社會與人性，無疑是將法國文學推上了浪漫主義的高潮！

除此之外，面對死亡，面對這個世界殘酷的面貌，我們還能說什麼？莊子在〈大宗師〉裡，通過大師們的體認，使我們在幾位將死之人的話語中，多少得到了一點安慰，還有一點力量和些許面對死亡的勇氣。現下最走紅的的愛爾蘭女作家莎莉・魯尼曾在她的長篇小說《聊天記錄》裡說：「要明白世界與自身，必須先經歷生活。」面對生死，也許不能僅是紙上談兵。然而在死亡眞正降臨的前夕，我們也還是可以讓自己在有限的日子裡變得更豁達。只要我們閱讀過莊子的故事：

一聽說子輿病了，子祀趕緊去看他。走到門口，先聽見子輿嘆氣連連地說：「偉哉！夫造物者，將以予爲此拘拘也！曲僂發背，上有五管，頤隱於齊，肩高於頂，句贅指天。」子輿得了相當奇怪的病，他的皮膚紅通通的，背上還長了膿瘡，而且已經發炎了，痛得他整個人彎腰蜷縮起來，以至於腹部在上，下巴貼在肚臍上，肩膀高過了頭頂，因而頸椎高高地隆起！這種病毒很厲害，讓他痛不欲生到了臉色呈現死灰的地步。然而，看他說話的表情依舊是很恬淡，這邊反映出他內心深處如止水般的寧靜。

當子輿在水中的倒影裡看見自己彎腰聳肩的怪模樣時，他突然讚美起造物者來：「嗟乎！夫造物者，又將以予為此拘拘也！」他的形體蜷縮成這樣，子祀問他：「你厭惡這個世界嗎？」子輿立刻回答：「一點也不，如果造物者將我的左手變成一隻公雞，那麼我就聽聽那報曉之聲；祂要是把我的右手變成了彈丸，我就用它來打貓頭鷹；祂如果將我的臀部變成個輪子，將我的靈魂變成一匹馬，那我不就有車可以坐了嗎？我們要心平氣和地面對得與失，該來的就會來，該走的就讓它走，我就是這樣來看待生死的。所以人世間的悲歡離合都不會也不曾動搖我的心靈。而所有打在我們心裡的結，都必須靠自己才能解開，我們不能只是一味地呼號掙扎而不是自救，或是事事仰賴他人，卻不肯為自己的問題去尋找答案。人生所有的困頓與煩難都來自外務緊緊地捆綁了我們的心，而解脫之道，還在自己。如果連自己都解不開，那麼旁人就更無可奈何了。想通了這層道理，怎麼還會去厭惡他人、痛恨這個世界呢？」

在莊子筆下有比子輿更進一步看透生死的人，那就是子來。當時子犁眼看著好友子來病危，他心中難掩一股淒涼，於是不禁哽咽起來。那子來的家人更是團團圍著他，個個泣不成聲。沒想到子來大喝一聲：「叱！避！無怛化！」他的意思是不許家人干擾了自然界順勢的變化。於是子來的家人們擦著眼淚退出，僅留下子犁一個人肅然默立於病榻前。他對臨終的好友輕聲問道：「偉哉造化！又將奚以汝為？將奚以汝適？以汝為鼠肝乎？以汝為蟲臂乎？」其實我們每一個活著的人都有這樣的疑惑，死亡究竟會把我們帶到哪裡去？或者把我們變成了什麼樣的另類存在？是變成日鼠的肝臟呢？還是變成草蟲的臂膀呢？人死了之後，究竟是去了哪裡？

子來微微地張開了眼睛，在說話之前，先喘了幾口大氣，然後上氣不接下氣斷斷續續地說：父母親讓兒女往哪裡去，任憑他說東西南北，兒女就該往哪裡去。而天地陰陽的自然變化更是我們偉大的父母，既然祂是我們的雙親，我們當然要依循祂的安排。父母親是愛我們的，這一點絕對可以確認，是故「夫大塊載我以形，勞我以生，佚我以老，息我以死。故善吾生者，乃所以善吾死也」。大地如同母親，生養我們，賜給我們身體，讓我們生活勞苦；再給予我們衰老以獲得閒逸；最後賞賜死亡讓我們永遠安息。於是我們每一天都應該好好地活著，這是為了將來好好地死去。

在莊子的故事裡，子祀、子輿、子犁、子來四人是同道中人，他們在有生之年，曾經共同發出宣言：「孰能以無為首，以生為脊，以死為尻，孰知死生存亡之一體者，吾與之友矣。」此四人早已將生死存亡看成是一體的，頭部是「無」，中間的脊椎是「生」，一直到臀部的地方就是「死」。但凡缺了一塊，都不是完整的身體，如果能這樣想，那麼死亡就是我們生命中不可或缺的一部分了。

原來人世間也有這樣的好朋友，不爲別的，就因爲彼此對生命和死亡的看法如此一致，因此終身引爲知己。他們四人之間的感情，莊子寫得既簡潔又太美妙，而且很有畫面感：「相視而笑，莫逆於心，遂相與爲友。」這眞是古文的上乘之作！

快樂的骷髏啊！——《莊子．至樂》

看過〈骷髏幻戲圖〉的人一定都很難忘懷這幅畫裡詭異難測的黑色幽默感吧！這是南宋李嵩的作品。這位距今八百多年前的畫家，生前畫了許多畫作，大多表現生活中的寫實面向。而且他的繪畫如今都被收藏在很重要的博物館，例如：美國堪薩斯州尼爾遜美術館、美國紐約大都會美術館，以及臺北故宮博物院。但只有一幅畫，就是〈骷髏幻戲圖〉，給人一種魔幻的感覺，畫中似乎有深刻的寓意，而且不像是那麼久遠以前的作品，倒像是後現代的藝術。因此這幅畫也成爲中國藝術史上的一個畫謎。

〈骷髏幻戲圖〉的主角乃是一具骷髏，這骷髏並非光著身子，而是著男裝打扮，他戴著幞頭，穿著紗衣，身旁有一副擔子，擔子上有草席和雨傘等物件，看起來是長年在外走江湖賣藝的。骷髏的背後有一名婦女，她正在給懷中的嬰兒哺乳，那樣貌好像是骷髏的妻子，而且妻子的眼神和藹，她一邊抱著嬰兒餵奶，同時看著做父親的，手上提著懸絲傀儡逗弄著另一個較大一點的孩童。如此溫馨的場面，本來可以讓人感受到一家人祥和歡樂的氣氛，只不過這做父親竟是一具骷髏，而且他手上的懸絲傀儡也是一具小骷髏。被逗弄的那個孩子正在爬行，好像是要去玩弄爸爸手上的小骷髏傀儡，那小骷髏傀儡是單腳著地，並且兩隻手臂做招手狀，吸引著孩子就要撲上前去，只是那孩子的後頭還有一位小姊姊，她正作勢要阻攔他……。

這幅畫也許是在表現偶戲的藝人帶著妻兒四處漂泊，藉由街頭賣藝來餬口，顯示其生活的艱辛。不過這幅畫也並不讓人感到驚恐，反而透露出一股溫馨歡樂的氣氛。

手舞足蹈的骷髏，還出現在日本諾貝爾文學獎得主川端康成〈抒情歌〉裡：「我很喜歡佛典《盂蘭盆經》記載的蓮宗尊者的故事。而《炎子經》裡也有同樣的敘述，描寫道還頌經的功德，連帶地使他父親的骷髏也跳起舞來了。」

骷髏竟手舞足蹈地跳起舞來！他的快樂之情透過畫面與文字傳到了我們的意識裡，那麼究竟是人快樂呢，還是骷髏快樂呢？《莊子．至樂》篇有答案。其實我很喜歡「至樂」這個篇名，因為它的意思就是最高的快樂和極端的快樂！而道家曰「至樂」，佛教說「極樂」，《佛說大乘無量壽莊嚴清淨平等覺經．三輩往生第二十四》曰：「其下輩者，假使不能作諸功德，當發無上菩提之心，一向專念阿彌陀佛。歡喜信樂，不生疑惑。」極樂世界（梵語：सुखावती），又稱作西方極樂世界、阿彌陀佛淨土，指淨土宗主要的教法以念佛爲修行，並以此往生佛國淨土。這也就是爲什麼川端康成說：「頌經的功德，連帶地使他父親的骷髏也跳起舞來了。」那麼到底作爲一具骷髏是怎樣地快樂著呢？

「莊子之楚，見空髑髏，髐然有形，撽以馬捶，因而問之，曰：『夫子貪生失理，而爲此乎？將子有亡國之事，斧鉞之誅，而爲此乎？將子有不善之行，愧遺父母妻子之醜，而爲此乎？將子有凍餒之患，而爲此乎？將子之春秋，故及此乎？』於是語卒，援髑髏，枕而臥。夜半，髑髏見夢曰：『子之談者似辯士。視子所言，皆生人之累也，死則無此矣。子欲聞孔之說乎？』莊子曰：『然。』髑髏曰：『死，無君於上，無臣於下；亦無四時之事，從然以天地爲春秋，雖南面王樂，不能過也。』莊子不信，曰：『吾使司命復生子形，爲子骨肉肌膚，反子父母妻子閭里知識，子欲之乎？』髑髏深矉蹙頞曰：『吾安能棄南面王樂，而復爲人間之勞乎？』」

莊子在去楚國的路上赫然發現了一具已經乾枯掉的骷髏！莊子當場拿起馬鞭來鞭打他！一邊打一邊罵：「你說！你到底是犯了什麼錯，才會到今天這樣的地步？是貪贓枉法呢？還是做出了什麼傷天害理的事情啊？是自殺嗎？還是凍死的？餓死的？你倒是說呀！」

莊子罵完了，又毫不客氣地把骷髏拖到一邊，堆成一堆，當作枕頭睡下了。到了半夜，骷髏幽幽地進入莊子的夢裡，他嚴正抗議道：「你罵我的口氣，眞是侃侃而談啊！好像自己一點都不會犯錯，你所說的那些理由，不都是生而爲人所具有的弱點與煩惱嗎？我可告訴你，作爲一個人所懷有的陰暗面與內心的痛苦，在死亡之後就完全解脫了！你們沒有經歷過死亡的人，根本不明白，你想不想知道死後的世界啊？」莊子錯愕地回答：「聽聽看也好。」

這骷髏說了：「死後的世界裡，沒有君王，自然也就沒有臣民，那裡沒有春夏秋冬，只有一片悠然自在的天地，人世間最至高無上的君王，他的快樂根本比不上在我們那兒的幸福生活。」莊子立刻反駁：「我不信！如果我能找到一位天神把你的形體復原，包括你的皮肉，你的五官內臟等等，然後送你回到家人身旁，你能夠重新與父母、妻兒、好友團聚相會，你可願意？」

大家猜猜，這骷髏的回答是什麼？他說：「謝謝你的好意，但是如果叫我放棄至高無上的快樂，重新回去做人，除非我傻了，否則我絕不幹！」

這些快樂的骷髏啊！他讓我們突然看清了世間的本質與人生的悲涼。可是既然我們還在這塵世間打轉，尋找快樂也就成爲我們生活中很重要的課題了。對於莊子而言，能夠順其自然，拋開君父的城邦，以無爲而治達到每個人自由自在的境地，那就是比骷髏還要次一級的快樂了。

蓬頭、突鬢、垂冠——劍客莊子

在武俠小說的世界裡，雖然有各家各派的功夫，也有許多獨門暗器，然而我們眞正崇拜的，乃是有境界的大俠武學。例如：《雪山飛狐》裡的「胡家刀法」，它最厲害的地方就是陰陽相濟，因此可以時而迅猛，時而柔緩，然而終究是緩勝於急，並且要時時保持攻守兼備。若說這刀法已經達到了思想的境界，那麼《書劍恩仇錄》裡陳家洛說領悟到的「庖丁解牛掌」，其實也有異曲同工之妙。

只不過一山還有一山高，《碧血劍》中所講求的華山派內功，以及《笑傲江湖》之任我行、岳不群、左冷禪等人，雖然多以外招取勝，但此時他們驚人的內力已經可以傷人性命，然而眞正有境界的武功還要等到《天龍八部》之喬峰使出「降龍十八掌」，才能達到一定的高度，因爲他不靠外招而是純粹以自身深厚的內力來施展掌法。武術家能夠控制自己的內勁，也就標誌著武學進入了高深的境界。

然而沒想到的是，喬峰還不算厲害，我們看《神鵰俠侶》中楊過的「玄鐵劍法」，它一再強調無招勝有招，因此只需要一刺一挑即能破敵。金庸說：「重劍無鋒，大巧不工。」到了這樣的境界，眞正的劍俠靠的不是使劍的技術，也不是劍鋒的犀利，而是個人的修行。

及至《倚天屠龍記》，那張三丰打的是雙方力道的陰陽變化，因而眞正做到了無招勝有招。這是回應了老子所云：「大象無形，大音希聲。」而武學的最高境界乃與天地萬物的至理相通，亦即萬事萬物發展到了極致，都將返樸歸眞。

武學正宗之劍術達到了高峰則趨近於道家思想，然而道家哲學的代表人物也曾經遊戲人間，成爲一名劍客。莊子就當過一回劍俠，在他使出畢生的功力時，同時也展現出各種層次的境界來，讓我們看見爲君之道的最高願景在哪裡，並且引導著君王走向那高尚的大道。也許我們可以說，莊子才是眞正爲國爲民的大俠！

《莊子．雜篇．說劍》有個故事：趙文王曾經很喜歡談論並且練習劍法，於是他在宮廷裡不養食客三千，而是專門養了三千多名劍客。他還要這些劍客們天天比武，那就表示宮內天天有人受傷和死亡，許多大臣看不慣趙王如此執迷不悟，因此紛紛去建議太子找莊子來商議如何勸諫趙王。

經過太子的遊說，莊子同意去見趙王。然而太子卻對莊子說：「大王恐怕只肯與劍客相談。」莊子二話不說便將自己的頭髮弄得很亂，講話的口氣開始變得粗俗，又把身上的儒服也換了，等到他完全打扮成一個劍客的樣子之後，還誇下海口對太子說：「我的劍術天下無敵！放心啦！」

劍客莊子就這樣走入宮廷去參見趙王了：「莊子入殿門不趨，見王不拜。王曰：『子欲何以教寡人，使太子先？』曰：『臣聞大王喜劍，故以劍見王。』王曰：『子之劍何能禁制？』曰：『臣之劍十步一人，千里不留行。』王大悅之，曰：『天下無敵矣。』」

好一個「十步一人，千里不留行」！莊子把自己說得神乎其神！也將趙王唬得一愣一愣地，以爲他眞是天下無敵的劍客。於是趙王要莊子在七天之後與宮廷內千挑百選出來的菁英武士比鬥。所有的讀者看到這裡，能不爲莊子捏一把冷汗嗎？

很快地，時間到了比武的當天，趙王問莊子：「你的劍有多長呢？」莊子回答道：「我所用的劍，長短有三，三種我都可以用，今天的比試，就請大王幫我挑一把吧！」趙王很好奇，他問莊子是哪三種劍呢？

莊子說：我的第一種劍是「天子劍」。

要說起這把劍啊，「以燕谿、石城爲鋒，齊、岱爲鍔，晉、衛爲脊，周、宋爲鐔，韓、魏爲夾，包以四夷，裹以四時，繞以渤海，帶以常山，制以五行，論以刑德，開以陰陽，持以春夏，行以秋冬。此劍直之無前，舉之無上，案之無下，運之無旁。上決浮雲，下絕地紀。此劍一用，匡諸侯，天下服矣。此天子之劍也。」以燕谿、石城做劍鋒；以齊國、泰山做劍稜；用晉國、衛國做劍刃；拿周和宋做劍環；韓國、魏國做劍把；四夷做劍鞘；渤海做劍穗……。莊子的語速愈來愈快！接著他使出了渾身的內力，做了一個氣勢恢宏的拔劍動作，同時說道：「將這天子劍拔出來向上立即劈開層雲，往下則可以斬絕地根。」這番話讓趙王聽得茫然若有所失。

接著莊子又說：「大王，我的第二把劍是『諸侯劍』。它以聰穎果敢之人爲劍鋒，讓博學清廉者爲劍稜，賢德良善之人能成爲劍刃，而忠心耿耿的人就以他爲劍環，最後我們將地方上的豪傑作爲劍把。只要使出這把劍，四海之內沒有人不佩服得五體投地吧！

最後，等級最低的是一把『庶人劍』。你看看我，滿頭亂髮，講話口氣粗魯無文，比劍時，將頭盔壓低了幾乎蓋住臉面，這種人，就算是使出畢生最強的招數也不過就是刺向敵人的心臟，和一隻鬥雞沒什麼兩樣，即使在他比武的時候，受了重傷，甚至於葬送了性命，於國於家皆不關痛癢，這就是庶人劍。」

莊子察言觀色，看著趙王神情愀然，他知道此時大王聽懂了他的故事，而且也有所反省。於是他便進一步把話挑明了說：「我現在最不明白的一點就是大王坐天子之位，卻成天選擇了庶人之劍，本來可以成就一番王霸大業，如今卻每天和鬥雞走狗之徒混在一起，這眞是太可惜了！」莊子酣暢淋漓的一番話，果然如當頭棒喝，點醒了趙王，使他慚愧難當。

我們再來看看文學家謀篇的層次。金庸筆下的武學境界，是一層高於一層，從有招逐漸邁向無招的化境，武學造詣愈高之人，其外表的招數愈是簡單，而眞正厲害之處其實是在凡人看不出來的內勁。相反地，莊子說劍，其層次由高往低，這是要在最後點出趙王的生活旨趣以及生命境界，水準太低。一個普通人若是水準低，也許影響層面不大；但若是君王的水準太低，成天讓這些劍客們打打殺殺，結果死傷無數，那就會導致國力衰退，甚至於引發外患入侵，這樣的影響層面將波及千千萬萬的人民。因此莊子決定站出來勸諫，既然趙王愛劍，他便借力使力，以劍說劍，希望發揮敘事的力量，使國家免於滅亡。

文學技巧中有所謂的「譬喻法」，這是一種「借彼喻此」的修辭手法。寫作者為了說明此事物，於是運用另一事物來比方說明。莊子以劍說劍的辦法就是先將一把劍拆解為：劍鋒、劍稜、劍刃、劍環、劍把、劍鞘以及劍穗。依照各種部位的相互位置關係、用途與重要性，將天下邦國的地理方位比附於一把劍上，以此說明天子如何使四海賓服，以掌握天下大局。即使不能達到如此高規格的境界，也還是可以將各種人才比附於一把劍，然後以這把劍來成就自己的平生志業。最怕的是，身為君王的人生理想抱負過於低下，那麼上行下效的結果，往往使得舉國人民的理想抱負盡皆趨於沉淪。幸好趙王聽從了莊子的諫言，終止了天天好勇鬥狠的惡習。人們甚至於聽說大王痛定思痛，閉門思過，因而整整三個月沒出門，最後那些劍客也都一一自盡，結束了舉國瘋狂鬥劍的不良風氣。莊子是善用譬喻修辭法的高手，而且他在〈說劍〉一文中，再次成功地展現出敘事的強大力量。

夔憐蚿——《莊子．秋水》

只有一隻腳的夔龍看見擁有無數隻腳的馬陸經過他的面前，頓時心中浮現豔羨之情：「你擁有好多腳啊！跑起來一定很省力，不像我，只有一隻腳，唉！」馬陸雖然號稱是千足蟲，但是他卻非常羨慕完全沒有腳的蛇：「我空有那麼多腳，眞不知道有什麼用？倒不如那連一隻腳都沒有的蛇，滑溜滑溜的，移動的速度比我快多了！」然而那沒有腳的蛇並不認爲自己這樣有什麼好的，因爲他總是微微仰著頭，羨慕那毫無形跡的風：「我雖沒有腳，卻還有形體，看看那風吧！毫不費力，連一點形影也沒有，竟然能夠跑在我的前面！」這時，風也說話了：「我有什麼好的，我倒是羨慕眼睛，儘管風速算是快的，卻是永遠比不上眼睛，但凡什麼目標物，只要眼睛一看，就到達了。所以我內心實在羨慕眼睛啊！」然而眼睛也有話要說：「我看東西的速度雖然很快，但其實還是有很大的限制，例如：在黑暗中，或者患了眼疾而失明，那時我就什麼也看不到了。就算能看到，我也只是看到外在的世界，所以我只羨慕心靈，唯有心靈能夠看見我所看不見的世界。」

夔龍怎麼想都不甘心，因此問馬陸：「你是怎麼做到的？」馬陸說：「我天生是這樣，我的行動只不過是依靠老天爺給我的身體構造與機能，所以我也不知道自己是怎麼做到的。」馬陸又問蛇：「我用那麼多隻腳來行動，結果你連一隻腳都沒有，還移動得比我快，你是怎麼做到的？」蛇其實也不明白：「我這樣是很自然的，想改變也改變不了，因為天生就不需要用到腳啊！」然後蛇又轉身去問風：「我雖然沒有腳，但是我得用脊椎來蜿蜒前行，那就如同用腳來移動一樣需要費勁。但是你卻總是『呼』的一聲便於北海吹起，並且一路吹到南海，輕鬆得很，完全沒有留下任何行跡。你是怎麼做到的？」風說：「沒錯，我是可以呼嘯一聲，就從北海吹到南海。但是在這過程中，如果有人用手來阻擋我，或用腳來踩踏我，我也不可能將手和腳吹斷……。」在莊子的故事裡，夔、蚿、蛇、風、目，他們都有羨慕的對象，同時也都很悲傷痛惜於自己與他人相對應而產生的缺憾。

莊子這是藉由動物書寫來反映人類的心理狀態。其實羨慕之情往往來自於和他人做了比較。一旦發現了別人的優勢或優點，再回頭看看自己的不足，這時苦澀之情便油然而生，甚至從此陷入自我打造的囹圄，久久難以掙脫。事實上，動不動就與他人做比較，因而經常興起豔羨之情，這是很自然的心理反應。因為人長期處於社會互動的狀態中，以至於很容易在比較中反覆地看到自己的缺憾。

心理學家曾經做過一個有趣的實驗，後來得到了我們意想不到的結論：在社會上高階層人士的自我滿意度應該高於低階之人的前提下，學者們發現那些處於高階層的人士往往會低估自己。這可能是因爲他們愈往高階層爬升時，同時也看到更多比自己高階的人，而且那些人眞的做得比自己更好，表現得更優秀！因此在社會上愈是占有優勢與能力較強的人，愈是經常警覺於自己的弱點、缺失與不足，以至於在心底產生了自我貶抑的現象。於是處於高階層的人往往幸福感很低，只要他們總是顧著向上比較，而忘了偶爾也可以向下比較。一味地向上比較，便感到壓力很大，以及挫折感很深。如果能夠同時向上比較，也向下比較，在我們今天所處的社會與職場上，也就能夠看清自我，同時幫助自己確立在人際網絡上的座標位置。我們閱讀莊子的動物寓言，從而省察自我，希望能夠同時掌握自己的不足與俱足，那麼下一步也許就可以清醒地也更有效地規劃和開展自己的未來。

再附帶一說，我非常喜愛莊子在「夔憐蚿，蚿憐蛇，蛇憐風，風憐目，目憐心」這一組連環套中所使用的動詞「憐」。原來在我們的欽羡之情中，也包含了愛慕、贊佩與憐惜之意。莊子著一「憐」字，既有表面上的憐愛他人之意，又暗藏著自傷自憐之情，眞可謂一語雙關。因此我們讀莊子的文章，也該細細琢磨、欣賞他的用字遣詞，因爲其間不乏畫龍點睛、筆底生花及餘韻悠長之無窮妙趣！

用生命換來的愛情故事——《莊子・盜跖》

我們小時候讀唐詩，有李白的〈長干行〉：「常存抱柱信，豈上望夫臺。」後來上大學念中文系看到南朝徐陵所編選的《玉臺新詠》，其中有古詩：「安得抱柱信，皎日以為期？」始知「抱柱信」在漢代以至於齊梁之間，已富含堅守信約之意。因此李白〈長干行〉的寫作也應當放在繼《詩經》、《楚辭》之後，第三部詩歌總集《玉臺新詠》的詩史脈絡中來重新審視李白在中國閨情詩史上承先啓後的地位。

事實上，司馬遷在《史記・蘇秦列傳》已經講述了這個故事：「信如尾生，與女子期於梁下，女子不來，水至不去，抱柱而死。」然而「抱柱信」一詞的源頭其實在莊子。〈盜跖〉篇記載了這個故事：

「尾生與女子期於梁下，女子不來，水至不去，抱梁柱而死。」

當初莊子原本是在故事結束之後，發出了感嘆：尾生竟然這麼輕易就死去，眞是「離名輕死，不念本養壽命者也」。他感慨人們總是重視名聲，就像尾生極爲重視信譽，最後就是被名聲給害死的。因此這種人往往不能頤養天年。

然而到了《漢書》以及《藝文類聚》等籍冊卻都將尾生轉爲正面形象，紛紛指稱他爲人善良正直，而且最重要的特色是與朋友交往，特別講信用。當他認識了一位年輕貌美的女子，就像《詩經》說的：「窈窕淑女，君子好逑。」他與女子一見鍾情，然而女方家長卻嫌棄尾生家貧而不同意他們的婚事。於是女子同意與尾生私奔。兩人相約在城外的橋邊會合，準備雙宿雙飛。那天向晚時分，尾生提早來到橋邊，沒想到突然之間，天空烏雲密布，頃刻間，雷鳴交加，大雨滂沱，那傾盆而下的雨勢，使得河水頓時間洶湧澎湃，滾滾洪水挾泥沙而俱下，眼看就要淹沒尾生。此時此刻，他四顧茫茫，眼前僅是一片汪洋，哪裡還有女子的蹤影？可是他堅守信念，視愛情爲神聖崇高的許諾。然而那未曾現身的女子，也許是爲洪水所困，也許被父母發現而遭到禁錮，也許意志不堅而放棄了與尾生的戀愛。總之，她沒有出現……。

滔滔洪水來得快，去得也快，當水勢漸漸退去，人們看見已經失去生命的尾生還緊緊抱著橋柱，多少人爲之嘆息！多少人感動莫名！這畢竟是中國古典文學史上第一齣愛情悲劇。從此以後，太史公司馬遷聲稱：「信如尾生」；刑場上彈〈廣陵散〉的名士嵇康也讚譽：「尾生以之信。」浪漫戲曲大師湯顯祖亦在名著《牡丹亭》中寫道：「尾生般抱柱正題橋，做倒地文星佳兆。」後世甚至不乏有心人考證出尾生所抱之柱乃在陝西藍田縣蘭峪水上的藍橋。無論眞實性如何，考證者想必也是受到這個故事撼動，因而希望找出一個具體的地點來憑弔。

其實我也很感動於這個故事，而我更有興趣的是那位女子爲什麼沒有來？愛爾蘭著名的大作家詹姆斯・喬伊斯（James Augustine Aloysius Joyce，西元一八八二年二月二日～一九四一年一月十三日）在他的世界文學名著《都柏林人》（Dubliners）中寫了一個短篇，名爲〈伊芙琳〉（Eveline）。故事一開始描述女主人公伊芙琳站在窗前隔著晦暗而且滿是灰塵的簾幕，內心千回百轉地掙扎著。因爲她最近結識了一位擔任船員的男友法蘭克。而法蘭克想帶她私奔到自由的新世界——美國，重新展開屬於自己的生活。這對於伊芙琳而言，是絕大的誘惑。因爲自從她母親過世之後，她便扛起了所有的家務，父親酗酒而又專制，動輒打罵女兒，勒索要錢，而伊芙琳的兄弟們也都不成材，因此全家的重擔，都壓在伊芙琳一個人的身上。尤其是在他父親發現女兒有男友之後，更是嚴厲斥責，而且毫不寬貸。此時若是她可以遠走高飛，便能夠放下肩頭的重擔，從此海闊天空，擁有完全屬於自己的生活。

然而就在即將上船的那一刻，伊芙琳想起父親已老邁，尤其是母親在臨終前，曾經鄭重地將這個家交付給她，而如今她卻想要背叛對母親生前的許諾，踏上一個未知的人生旅程。在愛爾蘭經濟大蕭條的時代，確實有許多女子受騙上當，被誘拐到了美國，結果過著相當悲慘的生活。伊芙琳覺醒到自己與船員法蘭克相識的時間實在很短暫，這麼信任他，完全是冒險。女主角擺盪在幸福與沉淪、親情與愛情、責任與自由之間，最終放棄了上船。小說家描述那一刻的伊芙琳看著滿是疑問的法蘭克，眼神裡只有漠然與無動於衷，像一頭無助的野獸，並且看不出一絲愛戀，或是想要告別，或是曾經相識的神情。我們只能說，在那一刻她是自覺地清醒了。

詹姆斯・喬伊斯眞是偉大的作家！他寫活了女性，也寫出了人性。而偉大的作家還有七等生，他在〈我愛黑眼珠〉裡寫出一個憂鬱的男子李龍第。他與妻子晴子相約看電影，卻受阻於一場暴雨滂沱而引發的大洪水。在大災難裡，人人自危，爲了活命，有些人甚至於把別人推到水裡。李龍第感傷不已，見不到妻子，他希望與尾生一般，抱著巨柱而亡。

然而就在此時，他看見了一個衰弱無力的女子正在爬梯子，李龍第於是背她上屋頂。天亮之後，洪水減退，陽光下，李龍第看見妻子就在對面的屋頂上，他雖然欣喜於妻子安然無恙，但是卻抱著自稱是妓女的女子，而不給予妻子回應。妻子一再地呼喊他，李龍第自始至終都未予理會，他甚至於把原本爲妻子準備的鮮花、麵包和雨衣都給了妓女。最後妻子因爲過於激動而落水，李龍第竟然不予以施救。只是在洪水退去之後，先送走了妓女，然後在心裡想著，他需回去休息了。在這個城市裡，要尋覓一個人，不是件容易的事。

相較於詹姆斯・喬伊斯的女性意識書寫，七等生則是穿透了男人當下的存在意義。在大洪水肆虐的時刻，李龍第只想以純淨的鮮花、代表受苦基督的麵包，獻給苦難的妓女。七等生這變異的書寫，也反映了他乖違的愛情，小說裡寫道，當晴子呼喊李龍第時，他卻登時發現妓女有一雙與妻子相似，也是李龍第所熟識的黑眼珠。爲了這雙黑色的眼眸，李龍第始終沒有離開妓女。

詹姆斯・喬伊斯與七等生都是深受到學院重視的作家，自來評論之作，汗牛充棟。其實抱柱而死的尾生，千百年以下，亦受到無數評論，同情者有之，訕笑者亦不乏其人。對我而言，無論過去未來，都必定會很鄭重地看待古人的眞情與深情之作。誠然社會人心時移勢遷，我始終希望保存一股靈氣，守住一片眞心，因爲任誰也不能褻瀆那些用生命換來的愛情故事。

虛室生白——《莊子‧人間世》

我其實很喜歡白色，例如：與其選青瓷，我寧願挑甜白瓷，因爲它釉色潔白瑩潤，給人一種白糖的甜膩感，典雅而且沉靜。我也很喜歡新娘子所穿的白紗禮服，不僅有透膚網紗和立體花瓣蕾絲，同時能夠呈現多層次亮面與霧面交錯的珍珠光澤。

對於白色多層次的美，我永遠也不可能忘懷的是日本文學古典名著《源氏物語》。當光源氏從須磨結束苦難，終於赦免回京之時，竟未帶走他在這裡的妻子明石姬，而是讓明石生下的女兒隨行，準備交由在京都的正夫人紫之上來扶養。我很同情明石姬，她剛生下小孩不久，就必須與愛女永遠隔離，不能相見。紫式部寫她當時的情境：穿著層層疊疊的白色服飾倒臥在結冰的庭園池水邊。雖說是白茫茫一片，但是卻有不同的質地與光澤，她身上的多層白綢、池邊爲細雪所掩蓋的白石，以及布滿綾紋的結冰池水，紫式部幾乎將各種白色的相互搭配，發揮到了淋漓盡致！

在西元前三千多年至一百多年前，愛琴海沿岸出現了燦爛的文明，大約在西元前十六世紀，文明的中心即爲古希臘。而古希臘人的藝術製作便是以白色爲主，而且連同羅馬人的正式服飾也是全白托加長袍（toga）。到了奧古斯都（Augustus）時代，這位帝王還進一步規定所有的男性必須穿上純白的托加，才能出入羅馬廣場（Roman Forum）。尤有甚者，有意角逐公職的男性還得用白堊石磨成的粉末來打亮他們的的托加，以期使它白得發亮！如此白上加白，才能顯示其身分地位以及人品高潔。是以自古以來，西方人的心目中都以白色爲純潔與忠誠的代表。

無獨有偶的是，也是在西元前二百多年，莊子也說了一句名言：「虛室生白。」我們今天在《莊子．人間世》裡可以看到：「瞻彼闋者，虛室生白，吉祥止止。」所謂「虛室」是指一個相當闊朗的居室，它可以吸納燦爛的陽光，因而使得此處散發出一片白光。我們想想，唯有房間是空曠的，才能顯得比較寬敞和明亮，假使一個房間堆滿了雜物，那麼陽光實在也透不進來。而「虛室生白」這句話，又逐漸爲後人引申成心境保持空虛開闊，就會浮現眞理。因爲既然虛室能生白，那麼人心如果能像虛室一般，定能照見澄澈明朗的境界。

因此，「白色」這個概念，在東方，便逐漸往「空」這個字上頭移轉，包括我們常說在國畫上要「留白」，書法的美學境界上有「飛白」等等，它其實也是白色的，只不過是透過「空」、

「虛」的方法爲之。因此我們需要做的功夫是把心空出來，則不僅能夠看見溫暖和煦的陽光，還能夠容納所有的評判與各式各樣的標準。就像是林語堂在他的《八十自敘》裡寫到的〈一捆矛盾〉，老作家八十歲的時候，心境空明，像一座「虛室」。在這內心的空間裡，隨時會有相互矛盾和撞擊的事情來造訪，但是林語堂安之若素，因爲他極喜愛矛盾。他說：「喜歡看到交通安全宣傳車出了車禍撞傷人。有一次他到北平西郊的西山上一個廟裡，去看一個太監的兒子。他把自己描寫成爲一個異教徒，其實他在內心卻是個基督徒。」

這位「兩腳踏東西文化」的學者兼作家一度自稱是「現實理想主義者」，同時又稱自己是「熱心冷眼看人生」的哲學家。他總是有許多奇思妙想，同時又很善解人意。他喜愛的是文學，卻還能自己從事科學新發明。而且不會諱言地說：「與男友相處，愛說髒話，對女人則極其正派。」

他生平無書不讀。舉凡：當代文學、宗教、政治、科學……。他愛讀紐約《時代雜誌》的Topics專欄，以及《倫敦時報》的「第四社論」，還有一切加框的新聞。他以八十歲的高齡，仍然對一切事物都感到極好奇，像是：女人的衣裳、罐頭起子、雞眼皮等等，許多事情他都有一套獨特的看法。此外，他還很著迷於米老鼠和唐老鴨。

林語堂曾經在漢口做過四個月的外交部祕書，隨即掛冠求去，因為他終於體會到「自己善於治己，而不善於治人」。所以他想告訴讀者們：「對我自己而言，順乎本性，就是身在天堂。」「虛室生白」這個概念其實特別適合老人家吸收與擷取。積古的老人曾經歷經了很多人生的經驗，有成功也有失敗，有喜樂也有慘痛，但是到了晚年，如果還將所有的苦樂得失都放在心上，而不肯讓自己的心保持虛空開闊，那其實只是苦了自己，智慧的陽光便無由照進苦悶的心靈。如果有人到了一把年紀，還在鑽牛角尖，如果有些人已經過了大半輩子，還有事情放不開，那麼我們就該建議他多讀一讀《莊子》，以及林語堂的《八十自敘》。

我是隻在睡覺的蝴蝶——莊周一夢

「昔者莊周夢爲胡蝶，栩栩然胡蝶也。自喻適志與！不知周也。俄然覺，則蘧蘧然周也。不知周之夢爲胡蝶與？胡蝶之夢爲周與？周與胡蝶則必有分矣。此之謂物化。」

莊子在〈齊物論〉裡提出了「物化」的觀點，我覺得有道理。也許我們都活在虛幻中而不自知，卻總以爲是在眞實的情境裡。就好像戴上了VR頭盔，原想暫時讓自己變成了另一個角色，然而隨著情境與情節的發展，我們只會愈來愈投入，而終於「栩栩然」變成了另一個自我。

明末馮夢龍纂輯的《警世通言》第二卷有一篇〈莊子休鼓盆成大道〉，這裡因爲莊子姓莊，名周，字子休，所以篇名稱他爲「莊子休」。而開頭所講的第一個故事就是「夢蝶」：

「莊生嘗晝寢，夢爲蝴蝶，栩栩然於園林花草之間，其意甚適。醒來時，尚覺臂膊如兩翅飛動，心甚異之，以後不時有此夢。」

當莊子在夢中幻化爲蝴蝶時，他感覺到自己的手臂自然而然地拍動著，從此以後，只要再做這個夢，他便能輕易地擺脫人的形體而且自在地飛翔。莊周一夢蝶，千百年以來的人們便不斷地思考與探討這個問題。然而在馮夢龍等人看來，最感疑惑的，恐怕還是莊子本人：

「莊生一日在老子座間講《易》之暇，將此夢訴之於師。老子卻是個大聖人，曉得三生來歷，向莊生指出夙世因由。」這裡的老子已經是民俗文學與民間信仰中的太上老君，祂在《西遊記》裡，乃居「離恨天兜率宮」，手上有「金剛鐲」、「八卦爐」等法寶，因此他可以幫助二郎神降伏孫悟空。至於在《封神演義》裡，他則是居住在玄都洞八景宮，有法寶太極圖、玲瓏塔，是故可以幫助姜子牙打破誅仙陣。而馮夢龍、吳承恩、許仲琳（一說陸西星）三位小說家都是明代中晚期人士，我們從他們的文本交叉比對中，可以發現道家人物在中國十六世紀中葉，曾經是文人改寫成通俗文本的重要書寫對象。

上述兩部小說中，太上老君的原型實來自於老子。他擁有高深的法術和強大的法寶來對付故事中最厲害的角色。因此到了馮夢龍的筆下，老子便能知過去未來，甚至於能解前世今生。故事繼續寫道：

「那莊生原是混沌初分時一個白蝴蝶。天一生水，二生木，木榮花茂。那白蝴蝶採百花之精，奪日月之秀，得了氣候，長生不死，翅如車輪，後游於瑤池，偷採蟠桃花蕊，被王母娘娘位下守花的青鸞啄死。其神不散，托生於世，做了莊周。」

開天闢地時的一隻大蝴蝶，竟像孫悟空一般地頑皮，悟空好吃桃，可是蝴蝶卻戀著花蕊，他們一樣都被逮住了，悟空不久之後就被壓在五行山下，而大蝴蝶則在下一輩子做了莊周。所以莊周原本就是蝴蝶，那蝴蝶其實也等同於莊周。莊周既然是得到日月精華而修煉有成的大蝴蝶，那麼再次踏入塵世，混跡江湖，也會顯得根器不凡。故事中的老子已然點破了莊周的前生，那莊周便當場如夢初醒。當他的感覺發生了變化，身體也自然有了迴異與往常的反應。那是因爲老子爲他恢復了記憶，他便在陡然間想起自己前世是那隻逍遙的大蝴蝶，於是此刻的莊周：「自覺兩腋風生，有栩栩然蝴蝶之意。」

既然已經知道了自己其實是隻蝴蝶，因此就將世態人情，與一切的興衰得失都看淡了。像《紅樓夢》裡的賈寶玉，聽得薛寶釵向他講述魯智深醉打山門那齣戲，便當即領悟到自己原是「赤條條來去無牽掛」。因此馮夢龍在小說裡寫道：「把世情榮枯得喪，看做行雲流水，一絲不掛。」

這一段小故事最後的結局是：老子看出莊周已經大悟，於是將五千言《道德經》的祕訣，傾囊相授。莊周日夜誦習修煉，因此練成了分身隱形之術。從此棄官而去，周遊列國訪道求仙。

晚明時期，人們眼中的老、莊都是一身仙氣，而如此飄逸的形象，其實又源自元朝史敬先的雜劇《老莊周一枕蝴蝶夢》，這是目前能夠找到針對莊周夢蝶這個題材所作最早的改寫劇本。元、明、清三朝歷時六百餘年，那是戲曲小說等俗文學盛行的時代，劇作家和小說家們上窮碧落下黃泉，尋找各種寫作的素材來發展自己筆下的故事，亦號稱「傳奇」。當然「無奇不傳」乃是小說絕學，而傳奇文體的興盛，也一直都與佛經文學、道教思想有著密切的關聯。因此我們會看到《西遊記》、《封神榜》、《警世通言》等故事中有輪迴的題材，也有神仙方術的背景。總而言之，「夢蝶」只是馮夢龍這個短篇小說的一個楔子，後面眞正要銜接上的主題乃是莊周的生死學，也就是這篇小說的標題：「鼓盆成大道」。莊子在知道自己本來是一隻蝴蝶，又聽聞老子講道之後，深感人世無常，於是出家修道，終了位列神仙班。那麼他的妻子該怎麼辦呢？這是通俗文學家有喜歡的題材，也是讀者好奇的面向，因此我們要賣個關子。下回分解。

大劈棺——莊周試妻

這個故事的背景設定在二千三百年前，於今天安徽蒙城，當時稱為宋國，這裡有一處隱蔽而寧靜的樹林，但是它今天卻是過分安靜了，尤其是入夜之後，更是連風聲蟬鳴也都完全消音。不僅如此，天上的明月也不敢露出臉，深怕看見不該看的東西，於是它用烏雲遮住了自己，因此大地一片晦暗。

忽然，有一線光亮射穿夜空，映在一隻貓頭鷹的眼瞳裡。

那是一把犀利的板斧在油燈的照映下，反射出一閃而逝的光亮。樹林中茅屋邊柴房裡有動靜。一個新喪偶的寡婦，一手抓著板斧，一手提燈，靜悄悄地來到後院的破屋子裡，然後將燈放在棺材蓋上，對準了棺材前頭的位置，雙手高高舉起板斧，咬著牙用力往下一劈，那薄薄的棺材板，當場就給劈去了一塊木頭。她告訴自己：「只要再劈一斧頭，我就能砍下先夫的天靈蓋，取出他的腦髓……。」果然，她使出力氣再舉起斧頭重重劈砍下去，整塊棺材蓋便應聲而裂開了。

這時，莊子重重地嘆了一口氣，他推開棺材蓋，挺身坐了起來。他的妻子田氏登時嚇得腿軟筋麻，心頭亂跳，斧頭已不覺墜地……。

根據馮夢龍《警世通言》裡〈莊子休鼓盆成大道〉改編而成的著名京劇《大劈棺》裡，先有一段莊子的念白：

「是我下山以來走在中途路上，遇見一位身穿白的婦人。她丈夫死過，未到一七，她要另行改嫁，是她婆母言道，將墳上扇乾，許她改嫁；墳上不乾，不許改嫁。貧道見她哭得可憐，舉來三分神火，將墳上扇乾。是她無恩可報，贈與我白紙小扇。田氏請看。」

上回我們提到莊子追隨老子參悟大道，並學會了分身術與隱形術。有一天，莊子在遊歷四方的途中，忽然看見一座新墳，墳墓旁邊還有一位全身縞素的美麗女子正在做怪異的舉動。原來她拿著一把扇子用力地搧著墳墓。

「請問，妳這是在做什麼呢？」莊子實在太好奇！

「這是我丈夫的墳墓，在他生前，我與他十分恩愛，不料他死後，婆母卻對我說：『妳想改嫁，除非等我兒子的墳土乾了。』我如今看見這墳土甚是潮溼，不知何時能乾？正爲此心急，故而用扇子搧墳。」

「夫人不用著急，我有辦法讓這墳土瞬間乾燥。」莊子乃修道之人，大展幻術一番，墳土果然立刻就乾了。這美麗的女子感謝不盡！又將手中的扇子送給了莊子，便開開心心地離去。

不久之後，莊子回到家中，他的妻子看見丈夫回來，表情很是訝異！在《大劈棺》劇本裡寫道：

田氏：先生不在高山修眞養性，回家爲何？
莊周：探望你來了。
田氏：多謝先生好意！
莊周：好說。
田氏：先生下山以來，可見什麼奇事？
莊周：遇見一樁異事。

田氏：什麼異事？

莊周：是我下山以來走在中途路上，遇見一位身穿白的婦人。她丈夫死過，未到一七，她要另行改嫁，是她婆母言道，將墳上扇乾，許她改嫁；墳上不乾，不許改嫁。貧道見她哭得可憐，舉來三分神火，將墳上扇乾。是她無恩可報，贈與我白紙小扇。田氏請看。

田氏拿著這把扇子，卻滿心不樂意！接著就與莊子大吵了一架！「呀呀啐！道是哪裡說起？拿住奴家比那下賤之人！先生好好收起。」這時飾演田氏的花旦在西皮慢板中悠悠地唱道：「聽爲妻把此話細對你言：倘若是先生亡故了，我總要守節立志賢。若有三心並二意……

莊周：怎麼樣？

田氏（西皮慢板）：準備天打……

莊周：怎樣嚇？

田氏（西皮慢板）：五雷轟！

莊周：哦，哦。

於是一場「試妻」的陰謀，便開始在暗中進行了。

過了幾天，莊子忽然生病，而且病情來勢洶洶！儘管妻子悉心照料，莊子還是交代了遺言：「我已不久於人世，只是沒有一把扇子交給妳讓妳搧墳啊！」田氏悲痛欲絕！並對丈夫立誓，絕不改嫁。話剛說完，莊子就撒手人寰了。

頭七之後，靈堂前進來了一位翩翩美少年！他是楚國的王孫，自稱與莊子有師生情誼，並且要求來爲他仰慕的莊子守喪百日。田氏愛戀美男子王孫，因此答應讓他留下來。然而日子久了，俊男美女耳鬢廝磨，也漸漸培養出感情來。可是這楚王孫卻從娘胎裡就帶來了頭疼的疾病，而且這病不好醫，需要用人腦和熱酒服食，新死的人腦也可以。田氏救人心切，尤其楚王孫又是在洞房花燭夜發病的，因此田氏竟乍著膽子提起斧頭前去劈開莊子的棺木……。

戲曲中特寫一段田氏的內心掙扎，先是想到自己舉目無親，一個人在這世上無依無靠，因而心生淒慘與惶恐：「想我先生一死，這上上下下誰是我的親人？這、這、這，如何是好？」可是爲了救楚王孫，她也只能豁出去了！「想我家先生已死，未過一七，腦漿未乾，不免手使板斧將棺木劈開，取出腦髓，搭救王孫性命！我就是這個主意！……哎嚇，慢著，我與先生夫唱婦隨，叫我怎樣下這毒手？這萬萬使不得，使不得！」然而就在此時，田氏分明聽見楚王孫在屋裡滿床打滾，一口一聲地哀嚎：「疼死我了！疼死我了！」

田氏不能再猶豫了，「我若是不救，死了一個，再死一個不成？還是將棺木劈開搭救公子性命便了！」

「劈棺」的那一刻，夫妻倆隔著棺材又見面了，這裡眞有點黑色幽默的情調！讓我們再回到馮夢龍的《警世通言》卷二的敘事：

「莊生叫：『娘子扶起我來。』那婆娘不得已，只得扶莊生出棺。莊生攜燈，婆娘隨後同進房來。」

莊生從棺材裡出來之後，還佯裝不知情，便問妻子：「多謝娘子厚意。只是一件，娘子守孝未久，爲何錦襖繡裙？」田氏謊稱她聽見棺材裡有聲音，因此想要劈棺救夫：「開棺見喜，不敢將凶服沖動，權用錦繡，以取吉兆。」莊生道：「罷了！還有一節，棺木何不放在正寢，卻撇在破屋之內，難道也是吉兆？」這一連串的問題問得田氏窘迫難堪。如果此處我們對照小說裡莊生與田氏初相識的情景，大約每位讀者都會心生感嘆吧：

「他（莊子）雖宗清淨之教，原不絕夫婦之倫，一連娶過三遍妻房。第一妻，得疾夭亡；第二妻，有過被出；如今說的是第三妻，姓田，乃田齊族中之女。莊生游於齊國，田宗重其人品，以女妻之。那田氏比先前二妻，更有姿色。肌膚若冰雪，綽約似神仙。莊生不是好色之徒，卻也十分相敬，眞個如魚似水……。」

也許每一段感情都像生命的流程，有出生，就有死亡；有開始，當然也會有結束的一天。我也常常安慰年輕學子：可以相信愛情，但是千萬別執著於誓言。因爲語言是當下情境的產物。過了那特殊的時空氛圍，便不會再說出這樣的話來。愛的誓言，只適合當場接收，待情過境遷，我們需懂得放下。

《大劈棺》曾經是一齣禁戲，我們可想而知，田氏的作風絕對不合乎傳統禮制。可如今這齣戲卻在新世紀的舞臺上，重新展現了它強烈的實驗性格，許多劇場都將「莊周試妻」與現代女性的愛情觀互爲辯證。也許正是因爲這個故事是從做丈夫的開了一個惡毒的玩笑說起，我們才得以透過女性視角來細細地琢磨田氏所經歷的遭遇，而最終所領悟到的其實就是人性的弱點。

鑿七竅以染塵——《莊子．應帝王》與《格林童話》

「南海之帝為儵，北海之帝為忽，中央之帝為渾沌。儵與忽時相與遇於渾沌之地，渾沌待之甚善。儵與忽謀報渾沌之德，曰：『人皆有七竅以視聽食息，此獨無有，嘗試鑿之。』日鑿一竅，七日而渾沌死。」

南海之帝與北海之帝相會於中央，中央之帝名叫「渾沌」，祂非常熱情，以最豐盛隆重的高規格接待來自北海與南海的君王。南北兩大君王受到這樣的禮遇，內心充滿了感謝！他們兩個商議想要報答渾沌。怎麼報答呢？有了！因為每一個人都有七竅，也就是頭部的七個孔穴，包括：眼、耳、鼻、口，然而渾沌卻沒有任何孔竅，祂只是一片空虛的狀態。於是南北君王就想出了一天鑿一竅的辦法，目的就是為了要讓他和一般人一樣可以享受音樂，可以品嚐美食，可以看見風月無邊的景色……。但是結果卻出乎他們的意料之外。就在第七天，當他們剛剛鑿完第七竅時，渾沌卻死了。

每回讀到《莊子．應帝王》中的這個故事時，我都會想起十九世紀初德國的《格林童話》，其中有一篇故事，名為〈小精靈〉：

從前有個鞋匠，他和太太的生活十分貧困。其實他們也想努力工作，讓自己過上好日子。但是無論再怎麼努力，窮愁潦倒的處境仍舊緊緊地包圍著他們。

到後來，鞋匠悲哀地告訴妻子：「我們如今只剩下這麼一小塊皮革了。我將它做成一雙鞋子，若是還賣不出去，我們可就真的是山窮水盡了。」說著，鞋匠便開始耐心地剪裁著那塊皮革，準備第二天來縫製成鞋。當夜幕低垂，鞋匠便放下手邊的工作，進屋休息。

第二天清晨，奇蹟發生了！鞋匠來到工作檯，赫然發現鞋子已經縫製完成，而且這雙鞋做得非常精緻，以致上門的客人很滿意，付出了雙倍的價錢買下這雙鞋。鞋匠因此有錢來買較多的皮革。不過這些新皮革又花了他一整天的時間做剪裁。當夜晚再度降臨，他一樣放下手邊的工作，回屋上床休息。

隔天一早，鞋匠又發現工作檯上不見了皮革，卻多了好幾雙新鞋子！神祕人物顯然來過，並且這次做的新鞋比第一次出現的那雙還要漂亮，手工更爲精緻！當然鞋匠順利地把鞋子賣了，而且錢多到可以買很多的新皮革，當天他依舊小心翼翼地剪裁，然後把剪好的皮革留在店裡。第四天一早，他再度驚喜於工作檯上整整齊齊地擺著一列靴子、涼鞋和皮鞋等等。

就這樣鞋匠的生活好轉了，而他店裡巧奪天工的鞋子也很快就遠近馳名。

轉瞬間已接近聖誕夜，鞋匠對太太說：「我們一定要找到在黑夜裡幫助我們的人，向他表達我們心中的感謝。」他的太太當然也同意。於是那天晚上他們兩人躲在店裡，內心焦急地等待著，就在午夜時分，忽然聽見有人唱歌的聲音！接著就看見兩個小精靈從窗戶外面蹦蹦跳跳地進來了。這兩個小精靈的特點是都沒有穿衣服，腳丫子也是光著的，但是他們載歌載舞、自由自在的模樣，眞是可愛極了！

小精靈一邊唱歌、跳舞、翻筋斗，同時歡欣鼓舞地做起鞋子來。不僅手工細膩，而且動作極爲迅速。不過一眨眼的功夫，他們就將店裡的皮革都做成鞋子了。接著就在屋子裡嬉戲遊玩，然後天眞可愛地跳著舞離去，最後消失在窗外的月光裡。

鞋匠與太太簡直不敢相信自己的眼睛。「原來是兩個小精靈在幫助我們呢！」鞋匠說：「我們一定要給他們送點禮物，來表達我們心中的感謝。」由於當時是冬天，而小精靈們身上都沒有穿衣服，因此鞋匠與太太就決定送衣服給精靈們。太太做衣服，有兩件夾克和兩條長褲，都是羊毛的布料。鞋匠也沒閒著，他親手縫了兩雙小小的鞋子，還在靴筒上鑲了漂亮的毛皮作為裝飾呢。

當天午夜一到，鞋匠和太太將禮物放在店裡的工作檯上，然後躲在暗處偷看。不久之後，兩個小精靈果然從窗外跳進來，但是他們環顧四周，卻找不到縫製鞋子的皮革，小精靈的臉上流露出困惑的表情，接著他們就看到了禮物。

小精靈們開開心心地穿上衣服和褲子，每件衣服的尺寸都大小剛好。兩個小精靈像照鏡子一般欣賞著彼此身上的衣服，一面高高興興地翩然起舞，接著就消失在窗外的月光裡了。鞋匠和太太都高興極了！他們滿心歡喜地躺在床上睡覺。

然而到了第二天，小精靈卻沒有再出現，第三天晚上，他們也沒有來，事實上，從此以後小精靈再也不出現了。

「我們到底做了什麼？」鞋匠與太太不斷地捫心自問，而「儵」與「忽」更應該自問。

人類自從受到文明禮教的洗禮之後，一般都會覺得光溜溜的身體是不合禮數與規範的，這樣的行為應予以導正。然而小精靈們沒有穿衣服，卻也代表了他們還未受到社會化的拘束，因此他們渾身都散發著原始的生命力、創造力以及想像力，於是小精靈的鞋子便做得一雙比一雙還有特色，而且很有造型！《莊子・大宗師》裡有一句話：「其嗜欲深者，其天機淺。」大多數充滿各種感官慾望的人，因為開了七竅，讓視聽食息掩蓋住原本的靈氣與智慧，因而所得到的機緣與福報，便不知錯失了多少！「天機」就是天生的稟賦。小精靈憑藉著與生俱來對美的感知去製作鞋子，不為名，不為利，只為了成就一雙又一雙完美的好鞋，因此他們天機深厚。一旦穿上了鞋子和衣服，代表受到外界社會禮俗教化的洗禮，那與生俱來的天分也消失了。

現在我們明白渾沌為什麼死了。儵與忽強加自己的感官與信念在渾沌的身上，認為能讓自己受惠的，他人也一定適合，結果聰明反被聰明誤，把自己喜愛的事物強加於人，有的時候很可能害了對方而不自知。儵、忽二君根本不必為渾沌鑿竅，因為他自來就是面目不清，一片模糊的狀態。古典希臘神話中也有一位這樣的神祇，祂是卡俄斯（希臘語Χάος，英語Chaos），是宇宙最初形成時，那一片黑暗模糊不可形狀的空間。同樣是指一種世界之初的原始狀態，然而西方的渾沌——卡俄斯，在他們的神話系統中，卻尚未被擬人化。不像《莊子》寓言裡的中央之帝，具有大方又好客的性情。但其實無論是渾沌或卡俄斯，那一片初始的狀態，都象徵著純眞率直、善良而有好奇心，既熱愛生命又具有豐富想像力的人。而且這樣的人，並不偏離正道。老子《道德經》云：「含德之厚，比於赤子。」之後孟子又說：「大人者，不失其赤子之心者也。」

所謂「大人者」，是能成就偉大事業的人，而他們多半就是擁有一顆單純、熾熱的心。有時候我覺得在道德感與價值觀扭曲的時代；多數人不發聲、人們不再追求夢想的國度；或是突然發現自己走在一個路上行人缺乏友善笑容的城市裡，這個時候我們應該做的就是讓自己返樸歸眞，重新做個敢說、敢笑、敢作夢的人。如果再進一步思考東、西方的文明史，我們將會發現，從神話、哲學到民間文化乃至於兒童文學，它們之間始終隱含著一個共同的命題，那就是擁有單純的赤子之心，其本身就是一種美德。

延伸思考

我們如今已能預期，未來的世界將全面高科技化，面對著到處是冰冷機器控制我們生活的時代，如果你已為人父母或是師長，請問你將如何幫助孩子發展出機器無法取代的人格魅力呢？

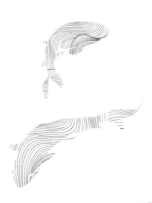

第四單元 看見自己的靈魂

人吃人！——《莊子．徐無鬼》與《儒林外史》

時間在上古時代，有個人名字叫許由，他在太平盛世裡，卻像是荒年逃難的一般，驚恐無助地往前奔跑。路上另有個過客叫齧缺，他實在愈看愈好奇！於是趕上前去請教：「敢問您這是怎麼了？正要往哪裡去呢？」許由不願停下腳步，繼續往前走，一邊回答道：「我要逃離堯帝所統治的地方！」齧缺超驚訝！「堯可是一位聖賢君王啊！你爲什麼要逃離這裡呢？」

許由這回可是站住了，很鄭重地回答許由：「夫堯，畜畜然仁，吾恐其爲天下笑。後世其人與人相食與！」許由說：你還不知道厲害呢！他孜孜矻矻推行仁義，也不怕遭人恥笑。而我已經可以看見將來總有一天這個社會必定走到人吃人的悲慘地步。「你是說，人跟人之間會互相殘害，甚至於吃了對方？堯可是仁德之君啊！照他的辦法實行下去，怎麼會像你說的那樣不堪呢？」

「唉！」許由嘆了一口氣。「很多事情一開始的時候，動機都是良善的，像是推行仁義。但是就怕久而久之，仁義會從道德良心轉變成爲一種制式化的行爲準則，其實它早已經喪失了人的本性與眞誠，然後這種教條又被人爲操縱，以遂其貪婪的慾望。這樣就危險了！」

許由怕的就是道德體系未來將發展成爲一套標準，甚至於是社會上唯一的標準。而且他已經斷定將來仁義的推行只會走到教條僵化、禮教吃人的地步。「夫仁義之行，唯且無誠，且假乎禽貪者器……。夫堯知賢人之利天下也，而不知其賊天下也，夫唯外乎賢者知之矣。」莊子早就看出仁義的推行，如果流於形式而沒有眞正的價值或精神作爲支柱，那麼它對天下人的荼毒，將會是不可想像的。因此從〈徐無鬼〉到〈庚桑楚〉，莊子不斷地強調：「後世其人與人相食與！」「千世之後，其必有人與人相食者也！」

很不幸的，後世的情況眞被他說中了。許多人直接想到「人與人相食」的例子就是魯迅在《狂人日記》中所謂「吃人的禮教」：「我翻開歷史一查，這歷史沒有年代，歪歪斜斜的每頁上都寫著『仁義道德』四個字。我橫豎睡不著，仔細看了半夜，才從字縫裡看出字來，滿本都寫著兩個字是『吃人』！」

然而最令我心驚的是一個比魯迅還早的故事。清代乾隆年間的小說家吳敬梓，花了十多年的時間寫下一部四十萬字的章回體小說《儒林外史》，書中極力刻劃出明代讀書人的精神世界。其中有一位六十多歲的徽州府老秀才王玉輝，他一生窮困潦倒，經常靠學生接濟。而王三姑娘，就是他的三女兒。出閣不上一年，姑爺竟病重死了。王三姑娘痛哭之餘，決定要殉夫。她的理由是：

「父親在上，我一個大姊姊死了丈夫，在家累著父親養活，而今我又死了丈夫，難道又要父親養活不成？父親是寒士，也養活不來這許多女兒！」

可是王三姑娘的公婆，聽聞此事卻是驚駭莫名：「我兒！你瘋了！自古螻蟻尚且貪生，你怎麼講出這樣話來！你生是我家人，死是我家鬼。我做公婆的怎的不養活你，要你父親養活？快不要如此！」接著是王三姑娘的母親苦勸到自己也病倒了。

然而做父親的王玉輝卻是鼓勵女兒這麼做：「這是青史上留名的事」，「你竟是這樣做罷」。儘管母親哭乾了眼淚，王三姑娘還是開始絕食，母親想盡辦法苦勸，卻仍只能眼睜睜看著女兒餓死。這種痛，是人性使然。可是王玉輝卻不是這樣的，他整日待在家「依舊看書寫字，候女兒的信息」。等到信息傳來，王三姑娘死了，母親心痛得「哭死過去」，王玉輝卻罵她「是個呆子」，還說女兒「死得好！死得好！」

王玉輝讀了一輩子的書，受教條思想影響太大，滿心要個貞節烈婦、青史留名的女兒。最可怕的是王三姑娘長期以來被父親灌輸了這樣的觀念，以至於斷送了自己的性命。這樣比較起來，王三姑娘的公婆、母親反而循本性，讓自己作爲一個人的眞情自然流露，不像王玉輝那樣違反人性，所以結果還不如不讀書，否則淪於禮教殺人，而且還是親生父親授意並鼓勵女兒自殺，那是人間最可怕的一種悲劇，社會上竟然還給這可怕的悲劇一個特別美的名目——殉節。王三姑娘殉節之後，可以被供奉在節烈祠，家族進而大擺宴席，引得街頭巷尾的人都來圍觀看熱鬧，而王三姑娘的幽魂將會被一群又一群陌生的人們祭拜。這麼荒謬的現象，不是禮教吃人，是什麼？

然而吳敬梓的小說寫得眞好！故事結尾處，王玉輝有一天在路上看到一個穿白衣服的少婦，突然想起他的女兒來，頓時「心裡哽咽，那熱淚直滾出來」。王玉輝終於想到自己是個父親，也終於找回父親對女兒的愛。他的後悔，向我們表明了「人性」才是最終極的價值。

因此，莊子不信任那些滿口仁義的人，因爲他們骨子裡還是爲了博得一個身後名。表面上是清流，實際的情況卻是在興風作浪，擾亂了人間原本的清淨無爲，任由人與人之間「相食」，還聲稱這是唐堯仁義。

養虎容易，養馬難！——《莊子》與《動物農莊》

從前從前，有個愛馬的人，他將馬當成自己的孩子，每天爲牠把屎把尿，又刷毛又趕蒼蠅，又鋪草料，一直忙得不亦樂乎！突然間，他瞥見一隻蚊蚋停在馬背上，情急之下，他伸出手一巴掌重重地打在馬背上。馬是很敏感的動物，牠瞬間因驚恐而激動起來！一下子就咬斷了口裡的馬銜，又損壞了轡頭。接著又跳騰長鳴，在掙脫束縛之後，上前踢踏、撞破好主人的頭，還踩碎他的胸口。

愛馬人的出發點是疼惜，結果卻讓馬兒受到了極大的驚嚇，反過來傷害了愛牠的人。愛馬人因一時的失誤，竟讓馬兒忘了主人從前對牠種種的呵護與疼愛。我想，愛馬人最傷心的就是馬兒不再接受他的愛，而這份愛是在刹那間就被單方面所遺棄，從而消失了。莊子說：「意有所至，而愛有所亡。」我們的愛，往往很主觀，不僅很主觀地愛上一個人或一件事物，而且還執迷於愛的方式。如果硬要對方接受這種主觀又執迷的愛，那麼反而有可能會傷害了他。

在莊子所訴說的故事中，養馬容易失誤，而養虎卻萬無一失！這是因爲飼養老虎的人掌握了某種訣竅。莊子說：「不敢以生物與之，爲其殺之之怒也；不敢以全物與之，爲其決之之怒也。時其飢飽，達其怒心。」其實關鍵就在於不能讓老虎吃活體動物，以免誘發他凶殘的本性。而且也不能以完整的動物來餵食老虎，這樣老虎就不會養成撕裂其他動物的習慣，於是養虎人可以避免老虎發怒發威。還有飼主總是知道老虎什麼時候餓了，什麼時候是吃飽的狀態，他更必須要理解凶殘暴戾本就是老虎的秉性。在完全掌握老虎的情緒狀態之後，老虎就會對飼養他的主人百依百順。正是因爲養虎人深知老虎的性情，因此馴服了這凶猛的野獸。而只有那不熟悉養虎訣竅的人，才會遭到老虎的吞食。

掌握動物的秉性，其實一直是小說家的本務。上個世紀中葉英國著名作家喬治・歐威爾正是在揣摩各種動物習性的過程中寫下了他的名著《動物農莊：一個童話故事》（Animal Farm: A Fairy Story）。故事發生在英格蘭威靈頓曼諾農莊。這裡的主人瓊斯，不僅不善於經營管理，而且整天酗酒，幾乎成爲一個廢人。就在農莊幾乎要敗在他手上的時候，農莊裡的動物們便群起反抗。於是在某個深夜，有一頭老公豬祕密召集大家舉行第一次革命大會。他們還創造了一首革命之歌，帶領著農莊的動物們激昂地響應革命。當老公豬死了以後，接替他的就是兩頭年輕的豬，一個是雪球，一個是拿破崙。他們發動起義，尤其是一場「牛棚戰役」打得轟轟烈烈，最後將人類徹底趕出了農莊。從而使得雪球的支持度大幅提升！然而，俗話說「天無二日」，趕走了人類，動物農莊的領導班子內部便興起了雪球與拿破崙的明爭暗鬥。在此過程中，拿破崙甚至推翻了原本革命的信念，亦即所有動物一律平等。取而代之的是完全由豬來組成一個委員會以運作動物農莊，其他的各種動物只有服從的份兒。喬治・歐威爾的書寫隱含著對獨裁者的批判意識乃是不言而喻的。事實上，這部小說是在諷刺自西元一九一七年俄國革命乃至於史達林時期的政治鎮壓與肅反運動。

其實每一位作家都具有諷喻精神，他們諷刺政治，也諷刺人生。我們回頭再看看莊子的動物寓言：養虎容易養馬難。這強烈的對比與反差，似乎也在隱喻著人與人之間相處的難度其實很高。與脾氣凶猛暴躁的人相處，只要拿住了他情緒轉折的關鍵，其實很容易順著他的性情進而使他服服貼貼。難就難在溫馴得像是任人坐騎的馬兒，這樣的人一旦受到了委屈和傷害，隨時可能翻臉不認人！結果所有的愛，最終都成了泡影。還有一句話，是我從小就將它抄在筆記本裡的，那是鹿橋在《未央歌》裡的名言：「對付一個壞人容易，而恰到好處地周旋一個好人倒是要費點心思的事。」這句話如今看來，與莊子所謂養虎容易，養馬卻要格外細心謹慎，很有點異曲同工之妙！

有大覺而後知其大夢也
——《莊子》與《百年孤寂》

「予惡乎知夫死者不悔其始之蘄生乎？……也與女皆夢也，予謂女夢亦夢也。」我們作爲一個活著的人，怎麼知道死了以後，不會後悔當初是那麼地貪生怕死？我說你們這些人啊，都是在作夢，就連我說你們在作夢的時候，我自己也是在作夢。

每回讀到〈齊物論〉裡長梧子說的這段話，都會讓我想起賈西亞·馬奎斯的短篇小說集《異鄉客》（Strange Pilgrims），他在序文裡，說了一個眞實的故事：「我夢見我正在參加自己的葬禮，跟一群身穿喪服，但是心情卻像過節一般歡樂的朋友們一同步行。大家都很愉快！尤其是我。因爲這些從拉丁美洲來的朋友們都是我最親密的好夥伴，而且大家已經好久沒見面了，是我的死亡使朋友們能夠再相見。

到了儀式結束後，他們漸漸散去，我也想走，可是其中一位朋友明確地告訴我：『唯有你，不能走……』。」馬奎斯至此終於明白，死亡是多麼孤獨的一件事！然而莊子卻說：「眾人役役，聖人愚芚，參萬歲而一成純。萬物盡然，而以是相蘊。予惡乎知說生之非惑邪！予惡乎知惡死之非弱喪而不知歸者邪！」原來眾人皆勞勞碌碌，而聖人也都昏昏沉沉，既然萬物皆是如此，那麼這萬千世界，恐怕很難找到眞正清醒的人。死亡雖然孤獨，但是我怎麼知道人的貪生怕死，不正是一種誤會呢？對莊子而言，死亡其實是回歸，就像孩童迷失了道路，最終找到回家的方向，那樣載欣載奔！現在加上了馬奎斯，沒想到他連自己的喪禮都能夠盡情地玩得這麼樂，如此的不魔幻寫實啊！是連孤獨的魂魄都會被驅散的。

賈西亞・馬奎斯這位西元一九八二年得到諾貝爾文學獎的拉丁美洲作家，在《異鄉客》裡寫了十二個故事，而這十二個故事全都緣於一場夢。試想參加自己喪禮的歡快的夢！因爲自己喪禮而讓許多好朋友聚集一堂，光是想著這樣的畫面，馬奎斯就開心地忘了那是一場自己的喪禮。於是在夢醒之後，他開始書寫那些來自拉丁美洲的朋友，在有生之年記得他們與自己曾經擁有的點點滴滴。這無疑就是一連串夢境與死亡互相縮合的沉思。例如：有一位七十六歲的老妓女，她做了一個夢，夢中看見自己即將死亡，於是她開始準備面對這件千古艱難的大事。終於在她的耐心教導之下，她的小狗竟能夠獨立遠行到她的墓前去爲她哭泣。這篇小說寫得好美！這就是老妓女的身後事。似乎是說，這樣她就不再孤獨了。

然而死亡仍舊是一件再孤獨不過的事了。馬奎斯的另一部膾炙人口的巨作《百年孤寂》，故事中的邦迪亞（Buendía）家族在一百年六代人之間，上演著權力與性慾的興衰起落，第一代的老邦迪亞每天做夢，而且做的不只一個夢，他通常在第一層夢境裡夢見了第二個夢，又在第二夢境裡做著第三個夢。而每天在他醒來之前，會從第三層夢回到第二層夢，再從第二層夢回到第一層，然後醒來。有一天他在第二層夢裡找不到出口，回不了第一層夢。於是他永遠地留在了夢裡，外人便認定他已經瘋狂了。老邦迪亞晚年因而被綁在橡樹上過著日晒雨淋的孤獨生活。

其實每個人都走不出自己的夢，莊子說：「方其夢也，不知其夢也。夢之中又占其夢焉，覺而後知其夢也。」人恆常是在夢中，卻不知道自己是在做夢。北宋文豪蘇東坡有〈西江月〉：「世事一場大夢，人生幾度秋涼？」《百年孤寂》故事剛開始不久，邦迪亞家族來了一個孤女莉比卡，她原本是隨商隊來到馬康多小鎮，自從定居下來之後，人們就發現莉比卡患上失眠症，而且很快地將這嚴重的病症傳染給全家以及全村。莉比卡的病症隱喻著西班牙移民的入侵，使得印地安人遺忘了自己民族古老的歷史傳統血脈，因此受到來自遠古的詛咒。這個百年六代的家族實際上象徵了整個拉丁美洲近代歷史的孤寂。

故事到了最後，亞瑪倫塔與邦迪亞家族第六代倭良諾相戀。此後兩人不再關心外面的世界，眼中只有兩人生活。可是亞瑪倫塔卻在產後血崩身亡。倭良諾逕自把小孩放進籃子裡，獨自來到鎮上，他赫然發現這馬康多小鎮已經變了樣。當他重新想起孩子，連忙趕回家，卻看到孩子僅剩一付乾皮囊，被螞蟻抬向了巢穴。倭良諾突然想通了！邦迪亞家族的男子，幾乎每個人都研究過老吉普賽人麥魁迪預言未來的手稿。此時面對螞蟻抬走兒子的景象，倭良諾一動也不動，並不是受到驚嚇，而是在傾心思考遺稿的最後一句，那完美篆刻的銘文：「這個家族的第一代祖先被綁在樹上；最後一代被螞蟻吃掉。」他重回書房，拾起遺稿再次閱讀，終於理解這份稿子寫的就是自己的家族，他總算是看清楚了身世，也明白了這個家族乃至於整座城鎮，將永不再回來。

故事中的人物具有強烈的生命力，有的革命失敗；有的奢靡無度、荒淫無道；有的爲了情愛而步向死亡……。如同《紅樓夢》裡的賈寶玉，當他再度回到太虛幻境，重新理解薄命司裡的簿冊時，忽然想通了很多事，醒來之後便更清醒了。「爲官的，家業凋零；富貴的，金銀散盡；有恩的，死裡逃生；無情的，分明報應。欠命的，命已還；欠淚的，淚已盡。冤冤相報自非輕，分離聚合皆前定。欲知命短問前生，老來富貴也眞僥幸。看破的，遁入空門；痴迷的，枉送了性命。好一似食盡鳥投林，落了片白茫茫大地眞乾淨！」

莊子在〈齊物論〉中說道：「且有大覺而後知此其大夢也，而愚者自以爲覺，竊竊然知之。君乎，牧乎，固哉！丘也與女，皆夢也。」所以有大清醒之人，爾後才能夠領悟曾經有過的那一場大夢。只有愚人凡事都以爲自己很清醒，以爲自己什麼事情都知道，痴痴迷迷地說些君君臣臣之道，其實那都是孔丘與你俱在夢中。還不解悟！

無用的女人最最厲害！
——莊子與《未央歌》、《京華煙雲》、《傾城之戀》

最近很流行一個新的詞彙叫做「淡定」，意思是說：面對外界意想不到的衝擊與變化，內心依然沉著冷靜。這其實也是一種修養，如果這種修養結合了女性美，那就是《未央歌》裡的伍寶笙、《京華煙雲》裡的姚木蘭，還有《傾城之戀》裡的白流蘇了。她們都在天下叫囂、烽煙四起的亂世歲月裡，卻都過上踏踏實實的平靜生活，是我最嚮往的文學人物典型，也是道家文化中最美的典範。

鹿橋將《未央歌》的故事背景設在抗戰時期的西南聯大。儘管校舍簡陋，然而昆明的湖光山色卻有著過人的清麗容顏。青年學子們融入其間，個個都充滿了青春的熱情與自信。作者刻劃出兩位性格形象迥異的女性主要角色。藺燕梅打從出場的那一刻起，就是萬眾矚目的焦點，彷彿一顆閃閃發光的寶石，沒有人會忽略她的存在。「藺燕梅三個字就在許多人耳裡生了根……於是便在所有的人心上開了花……誰對她都同樣不陌生。」她像是風吹不倒的大樹，永遠屹立在眾人的心目中，然而她畢竟無法體會憑虛御風，來去自在的境界，那是伍寶笙的境界。她自然淡雅、溫柔誠摯，就像天上的清風朗月，給人溫暖而又清新的感受。她是一位好姊姊，關心身旁所有的人，當伍寶笙見了小童就問：「你上南院找洗衣上房來了？背了一包髒衣服？」「……我犧牲我的被單……」「媽呀！那是你的被單！原來是白色罷？」「那是很久以前的事了。最近它全是這麼可愛的淺灰色的。」

無論這世界有多麼複雜變化、擾攘叫囂，伍寶笙永遠自然閒適而且淡定。這樣的氣度，自然也影響了周遭的氛圍，任誰見了她，暫時都會平靜下來，伍寶笙整個人體現出莊子在〈知北游〉中所說的：「外化而內不化。」她能夠順應外在環境不斷地變化而有所應對，同時與身旁的人和諧相處，帶給大家溫暖，此即所謂的「外化」；不過她也有自己內心所堅守的原則，知道自己的夢想是什麼。她學生物，每天認真而且持續地做著科學研究。就像莊子所說的那樣，無論處在何種環境裡，他都能夠保持內心的平靜與平衡，一如鴨子划水，逐漸接近預期的工作和研究目標。

莊子曰：「乘物以游心，托不得已以養中，至矣。」所謂「乘物」，就是順應外在環境的法則，而同時又能夠讓自己的精神澈底地解放與自由，這就是「游心」。

生存可以隨遇而安，生命卻必須有所堅持的人，還有林語堂筆下的姚木蘭。她童年時隨家人躲避戰火，逃離北京，卻在半路上被義和團的拳匪綁架。小小年紀的木蘭非常沉著冷靜，她觀察到這些匪徒以一個女人爲首領，供奉的神明是齊天大聖，雖然口口聲聲扶清滅洋，卻也會學著說幾句洋文，非常高興起來就滿口唱著英語順口溜。當曾文樸付了贖金要救她脫離苦海時，她卻還記得要解救與她一起被關押的女孩。曾文樸擔心自己救的人不是姚思安的女兒，於是拿了一件古文物來考驗她，木蘭立即回答：「這是甲骨文。」這樣一位有才學有見識的女子，日後發現自己的丈夫出軌，竟也是淡定怡然以對。

她主動邀約蓀亞的外遇對象曹麗華在西湖西泠印社相見。這是由一群詩人所組成的詩社，在過往的百年光陰裡，它是西湖邊上最美的一道人文風景。在走上一段粗糙的石頭臺階之後，便可看見兩側假山嵯峨直至山頂。在西湖中心的孤山頂上，有個亭子，登亭四望，周圍景色，盡收眼底。尤其是能夠望見「三潭印月」，以及「柳浪聞鶯」。而湖的對面就是杭州城，曹麗華所讀的藝術專科學校，就在「平湖秋月」那一帶。

曹麗華前來赴約，當然想讓自己形成一股氣場，在她的意識裡是想讓自己顯得高尙，於是她穿了自認爲樸素高貴的現代服裝。可是沒想到，在蓀亞口中又老又胖的黃臉婆一級一級爬上臺階之後，曹麗華的氣場就一寸一寸地消泯了。木蘭的出場簡直讓人太驚艷了。因爲她穿了旗袍，是海藍色的，但是這種藍色並不暗沉，而是很「鮮艷」。

這件新式剪裁的旗袍，關鍵乃在於料子，這是用老貢緞做的，人都說這種料子是皇族穿的，於是將木蘭襯托得古典美的外型中隱含著時髦的風格。而且在曹麗華看來，「她的腰細，頭髮漆黑而濃厚，兩眼是秋水般明麗，雙眉畫入兩鬢」。這時候曹麗華在心裡已經失敗了。在進一步交談之後，果然木蘭是這樣地友好而且體面。因此接下來的局面就完全控制在姚木蘭手裡了。

姚木蘭是道家的女兒，她面對外在的世界，不僅心胸通達，處世順應，同時又在內心堅持自己的秉性。她能夠做到不隨波逐流，卻又懂得玲瓏手腕，在內心深處固守著人生初念，因此外界事物無論如何刺激著她，她永遠淡定樂觀，隨順自在。此即老子所云：「挫其銳，解其紛。和其光，同其塵。」尤其是住在杭州的那一段日子裡，木蘭能做到調和自身的光芒，混同塵垢。因此與世無爭，平安清靜。

像這樣處在朝不保夕的亂世，又待在一個奇貨可居的男人身旁，還能夠做到「與物不爭」的女子，那人就是白流蘇。范柳原曾經對她說：「有的人善於說話，有的人善於管家，你是善於低頭的。」可是白流蘇卻回答：「我什麼都不會。我是頂無用的人。」范柳原隨即明確地告訴她：「無用的女人是最最厲害的女人。」這「無用之大用」的論調出自莊子。〈逍遙遊〉中，莊周對惠施說道：「今子有大樹，患其無用，何不樹之於無何有之鄉、廣莫之野，徬徨乎無為其側，逍遙乎寢臥其下？不夭斤斧，物無害者，無所可用，安所困苦哉！」范柳原早年流落在外，頗吃過一些苦，後來終於認祖歸宗，又得到了大筆遺產，於是生命顯得空洞茫然，沒有目標。就在這時候，他看到了相親對象旁邊坐著一位安閒自在，一逕低著頭的女子。

其實白流蘇那時已是山窮水盡。自離婚以來，身上的錢財都被兄嫂們揮霍光了，此刻又被嫌棄，家人們指控她是賴在娘家吃白飯的。她是如此地窘迫尷尬，「一家二十來口，合住一棟房子，你在屋子裡剪個指甲也有人在窗戶眼裡看著」。白流蘇忍下來了，原來她也懂得「和其光，同其塵」，於是暫時收斂起自己的鋒芒。畢竟鋒芒太露，很容易招惹不必要的眼光，因此她學會了「低頭」。這個舉動帶有一點小心翼翼保護自己的意味，然而她在與范柳原交手的過程中，還是吃虧了。在香港，他每天伴著她到處跑，什麼都玩到了，電影、廣東戲、賭場、格羅士打飯店、思豪酒店、青鳥咖啡館、印度綢緞莊、九龍的四川菜……。晚上他們常常出去散步，直到深夜，她自己都不能夠相信，他連她的手都難得碰一碰。她起初覺得不安，彷彿下樓梯的時候踏空了一級似的，心裡異常怔忡……。有一天她突然醒悟：這個人多麼惡毒。他有意的當著人做出親狎的神氣，使她沒法證明他們沒有發生關係。她勢成騎虎，回不得家鄉，見不得爺娘，只能做他的情婦。

流蘇毅然回到上海之後，家人背後都說：六小姐在香港和范柳原同居了。陪人家玩了一個多月，又若無其事地回來了。這麼無聲無臭地回來，顯然是沒得到他什麼好處。「本來，一個女人上了男人的當，就該死；女人給當給男人上，那更是淫婦；如果一個女人想給當給男人上而失敗了，反而上了人家的當，那是雙料的淫惡，殺了她也還汙了刀。」

這時白公館的爺奶奶們實在興奮過度，大家先議定了：「家醜不可外揚」，然後分頭去告訴親戚朋友，表面上迫使親戚朋友們宣誓保密，結果再向其他親友們探口氣，打聽他們也都知道了。最後才宣布一聲：到底是瞞不住了，索性打開天窗說亮話吧，然後拍著腿感慨一番。

張愛玲說：白流蘇的家人就這樣，「也忙了一秋天」。

然而流蘇眞應驗了那句道家格言：「舉世非之而不加沮」，莊子在〈逍遙遊〉裡說過：就算全世界的人都在罵我，我亦不沮喪。

最終在炮火猛烈的轟炸中，把個浪子范柳原炸回到白流蘇的身旁。「流蘇到了這個地步，反而懊悔她有柳原在身邊，一個人彷彿有了兩個身體，也就蒙了雙重危險。一彈子打不中她，還許打中他。」

我在這句話裡，終於看到女人的「眞愛」在亂世裡浮現。只是據張愛玲自己的說法：「他不過是一個自私的男子，她不過是一個自私的女人。在這兵荒馬亂的時代，個人主義者是無處容身的，可是總有地方容得下一對平凡的夫妻。」

正是「平凡」二字說得好！眞正的生活只是淡定、平靜與自然而然，不需要特別被教導什麼，也不需要刻意去規範什麼，如果眞有需要，那就應該要多忘掉一些成見、放下一些執著，還有不要起分別心。道家思想教我們懂得怎麼過生活。

木工的智慧——《莊子．達生》與夏目漱石《夢十夜》

我們今天要說《莊子．達生》裡「梓慶爲鐻」的故事。

梓慶是一位木工，他的手藝出神入化，最擅長的是製作懸掛編鐘的支架。《史記．秦始皇本紀》記載：「收天下兵，聚之咸陽，銷以爲鐘鐻。」我想這個木架子的重要性，不僅在於承載編鐘編磬，更重要的是它本身也具有傳導音樂的效果。而且莊子說：「梓慶削木爲鐻，鐻成，見者驚猶鬼神。」爲什麼看到這樣的木架會受到驚嚇，以爲是見到了鬼神呢？據說「鐻」往往雕刻成老虎的形象，於是我們可以想像梓慶在樂器架子上所做的雕刻，定是栩栩如生，像是眞的猛虎一般，教人難以置信。因此人們都稱讚他鬼斧神工。

梓慶的名聲因而遠揚，一度傳到魯國君主的耳中，由於君主也感到好奇，便叫梓慶來詢問：「你是怎麼做到的？是技術好呢？還是有什麼法術嗎？」梓慶搖搖頭說：「我只是個工人，哪裡有什麼法術，其實也談不上什麼技術，就是有個習慣：在每次要展開雕刻工作之前，我都會讓自己的心平靜下來。我保養元氣，持續齋戒三天，漸漸地感覺到社會上那些擾擾攘攘的婚喪喜慶、獎賞懲罰、人事浮沉等事件，都離我愈來愈遙遠了。猶如莊子所說：『必齋以靜心。』

若是連續齋戒到了第五天，那就連是非、眞假、虛實、巧拙、毀譽、好惡等相對的概念，都化爲無形，一點也影響不了我的心情。等到我齋戒至第七天，持續卸下了心中的負累，到那時我可以連自己的身體都忘了。我心裡眞正達到了沒有一絲掛礙，我的外在形體也彷彿已經消失不見。每回到了這樣的時刻，我就知道這是絕佳的創作時機。於是我走進森林，看見那個最適合的木材。眼中看著這段木頭，心裡便想像出新作品的樣貌來，然後動手照著那個樣貌去雕刻，過程中若有一點點不對勁，我會立刻報廢，絕不依戀。」這便是「以天合天」。梓慶將自我完全放下，讓大自然的理路透過他的雙眼，走進他的心靈，心所觀照之處，木材自會透顯出它最渾然天成的風格與造型。

東方藝術之美，美在創作者空靈的心。與「梓慶爲鐻」相似的故事，出現在日本。明治時期，日本的「國民大作家」夏目漱石有一部經典的極短篇之作《夢十夜》，其中的〈第六夜〉就寫了一位像梓慶那般鬼斧神工的雕刻大師，他的名字亦與梓慶相仿，叫做運慶。

故事中的第一個場景是在明治時代護國寺的山門前，那裡聚集了好多人，似乎是在看表演，小說第一人稱「我」於是好奇地邁開步伐往前一看，發現竟然是鎌倉時代的高僧運慶正在雕刻仁王像。仁王就是釋迦摩尼佛的侍從，一般信徒稱之爲「金剛力士」。祂的身形高大，神情威嚇凶猛！而運慶此刻正是在掌握與表現這樣的武神形象。

小說家夏目漱石在運慶刻劃仁王像的同時，帶著讀者們環顧護國寺周圍的環境。特別是山門前的大赤松傾斜地延伸出鎌倉時代獨有的古典氣息，與山門朱漆相映成趣，可謂美不勝收。

然而此時觀看運慶雕刻的人群卻都是明治時代的人。他們驚訝於眼前這位師傅怎麼能夠雕刻如此巍峨高大的神像？而且他們也很難想像，在今天這樣的時代，竟然還有人在雕刻此類題材。「我還以爲仁王像都是古時的雕刻。」某個男人忍不住地說道。

在諸多神像中，仁王是最強悍的。而更強悍的是運慶，他完全沒有因爲圍觀者紛紛擾擾地品頭論足而稍稍停下手上的工作。他拿著鑿子爬到高處，在仁王像的臉龐上不停地敲鑿。

運慶頭戴烏黑小帽，身穿樸素外袍，寬大的衣袖往後綁，看起來很有古風，只是身旁嘈雜圍觀的販夫走卒，和他完全不是同一類人。

這強烈對比性的畫面看在「我」的眼裡，不得不暗忖：「在今天這樣的時代，竟然還有運慶這樣的人活在世上。」顯然運慶與圍觀群眾所造成的反差，要比仁王像更吸引「我」的關注。

「我」所以善於觀察周遭的氛圍，然而身爲雕刻大師的運慶此時陷在藝術創作的狀態裡，因而對外界充耳不聞、渾然未覺，他只是專注於敲鑿，眼中心中只有一個仁王，而沒有自己。

有個青年男子對著「我」讚賞地說道：「眞不愧是運慶！眼中完全沒有我們這群圍觀者的存在，這天下英雄，如今唯有仁王與他二人了。好氣概！眞叫人佩服。」接著他似乎又想到了什麼，立刻又對「我」補上了一句：「你看，他運用鑿子的靈巧度，已經到了如入化境的地步。」

「我」經由青年男子的指點，將目光移向運慶手上的鑿子，只見他把鑿子橫向雕鑿，再把鑿子豎起來敲鑿，接著又斜斜地由上而下地敲，在堅實的木頭上削出一道道木痕，木屑在敲打聲中飛揚……。突然間，「我」清楚地看見木頭上浮現出憤怒賁張的鼻翼。運慶的刀法相當俐落，雖然他看起來像是隨心所欲而無章法地雕鑿，然而，當眉毛鼻翼從木頭裡浮現出來的那一刻，每一個人都會在心裡吶喊：「眞厲害！」

在「我」佩服得五體投地之時，剛才那個青年男子又逮到機會來教育「我」了：「老兄，那仁王像的眉毛鼻翼其實不是雕鑿出來的，而是早已埋在木塊之中，運慶只是用鑿和槌子將它們挖掘出來罷了，所以當然雕鑿得絲毫不差。」

「我」當時眞以爲雕刻就是這麼個道理，於是恨不得也找來一塊木頭，試著讓仁王像自然地浮現。於是這位小說裡的男主角當下顧不得湊熱鬧，急著趕回家去，從工具箱裡取出鑿子和鐵鎚，然後到後園找出預備作薪柴的橡木塊。原先他選了一個最大的，然後興匆匆地敲鑿起來。可是很不幸地，這個大木塊裡沒有仁王，於是「我」再挖掘第二塊，結果運氣也不好，到第三塊時，仍不見仁王。最後，「我」將木塊全部敲鑿過一遍，而仁王始終沒有現出祂的身影。

最後「我」醒悟了！明治時代的樹木裡，並未藏著仁王啊。其實無論是梓慶或是運慶，木頭裡是否藏著猛虎，抑或仁王，關鍵在於我們的「心」，心如果隨著時代浮華喧囂的浪濤而四散奔流，那我們勢必會離古風愈來愈遙遠。梓慶和運慶都是寧靜的人，一旦進入創作狀態，外界哪怕有千軍萬馬，也不能影響他們分毫。三國諸葛亮曾說：「非澹泊無以明志，非寧靜無以致遠。」如此看來，大凡能夠達到高遠目標與境界的人，其內心深處也恆常是安寧與平靜的。

看見自己的靈魂

——《莊子．大宗師》與王爾德《道林．格雷的畫像》

《莊子．大宗師》：「南伯子葵問乎女偊曰：『子之年長矣，而色若孺子，何也？』」南伯子葵問女偊：「你的年紀這麼大了，爲什麼依舊擁有童子的容顏？」這段問話，分明就是中國版《道林．格雷的畫像》。

愛爾蘭都柏林的浪漫主義作家奧斯卡．王爾德，於西元一八九〇年寫下了一系列「藝術至上」觀點的作品，並且將他生命中無法抹滅的頹廢而美麗的思想化爲長篇小說《道林．格雷的畫像》。

維多利亞時代的貴族美男子道林．格雷，在某個晴朗和美的夏日時光裡，讓畫家茲爾．霍爾沃德爲他繪製肖像。當時在座有亨利勳爵，此人是個享樂主義者，一旦開始追求美的生活，就會不顧一切，直到心中眼中只有唯美。

道林・格雷當時太年輕，聽著勳爵說的話，不禁滿心嚮往，因而在心中悄悄地許下願望：希望眼前這幅肖像畫能代替他老去，讓他本人得以永保年輕，以青春姣好的容顏，追求終身的享樂。

當時有個名不見經傳的小演員西碧兒・維恩意外地被道林・格雷看上了。道林・格雷甚至於向她求婚。這位專門演出莎士比亞主題戲劇的女演員受寵若驚，遂也陷入深深的迷戀中，直呼道林・格雷是白馬王子！

可是，當道林・格雷邀請勳爵與畫家觀賞西碧兒演出《羅密歐與朱麗葉》之後，兩位對於女演員的演技卻深感不以爲然。道林・格雷既尷尬又難堪，並且因此拋棄了西碧兒，同時狠心地告訴她：「演技就是妳的美。」西碧兒因投入戀愛而無法專心演戲，竟然在道林・格雷始亂終棄之後，傷心地自殺了。從那一天起，道林・格雷發現他的肖像畫正在悄悄地改變著，從嘴角帶著一絲殘忍的冷笑，到逐漸變老變醜，變得連他自己也不認識這幅畫。然而與之相反的是道林・格雷本人卻從此凍齡，直到十八年之後，還擁有童子的容顏。

道林．格雷是個深陷孤獨的人，他一生只追求慾望與唯美，卻不敢單獨面對自己的靈魂，因此他將肖像畫封鎖起來，不讓外人瞧見，因爲那是他靈魂沉淪的寫照，是他泯滅良心的證明。他的惡習與放縱，最後讓畫像變得相當醜惡與恐怖！以至於連畫家本人要不是看到了簽名，也幾乎認不出這幅畫來。而道林．格雷爲了不讓畫像祕密洩漏出去，竟然持刀殺害了畫家。

道林．格雷不僅孤獨，而且憤怒。他氣畫家改變了自己的命運，而當他再次見到勳爵，他的憤怒已轉爲悔恨，他很想知道如果自己洗心革面，能否換回當年繪製肖像畫時的美麗與純眞？

結果這幅畫只是變得愈來愈醜惡不堪。於是他再度拿起尖刀，刺向畫中人……。就在這個時候，家中所有的傭人都聽見收藏畫作的房間裡傳出淒厲的哀嚎聲。不久之後，人們發現道林．格雷倒臥在血泊中，他的身形與容顏已經衰老變形，而且心臟已被尖刀刺穿，當傭人們抬頭看肖像畫時，都驚異地發現這幅畫已經恢復了當年青春的容貌。

道林．格雷生前每一回端詳自己的肖像畫時，其實都是在單獨面對著自己的良心。畫像愈醜惡，那就表示他的良心自責得愈厲害！而我們開頭時提到的《莊子．大宗師》，有得道之士女偊闡述在他生命中曾與「道」融爲一體，那時其實就是「見獨」。因「見道」即「見獨」，所有的功夫都在眞誠地面對自我，亦就是「獨與天地精神往來」。女偊說自己聞道的過程是這樣的：

「三日後而能外天下；已外天下矣，吾又守之，七日而後能外物；已外物矣，吾又守之，九日而後能外生；已外生矣，而後能朝徹；朝徹，而後能見獨。」

在眞實坦誠地面對自我三天之後，能夠忘天下，七天之後忘了外在的萬事萬物，九天之後則忘了自己的生死，此時心境澄澈透明，因此能看見自己的本心。而道林．格雷的一生雖然也看見自己的本心，但是不能做到「外天下」與「外物」。在故事中，他迷戀各式各樣的寶物，同時更耽溺於各種聲色肉慾之中，難以自拔。他無法做到「物物而不物於物」，道林．格雷對於繪畫、書寫、音樂、珠寶、香氛、刺繡等等藝術事物如數家珍，迷戀至深，九死不悔，直到最終才感受到難忍的切膚之痛！只因人生往往在至樂之後，感受到至痛。於是道林．格雷最後只能以死亡來作為領悟。

此番領悟，乃是「見獨」，他終於勇敢地面對當初讓畫家作畫的那個自我，進而剷除了勳爵灌輸給他享樂至上的世界觀與人生態度，於是重新發現了生命的清純，乃是一片眞誠而無雜念的心，也就是那幅肖像畫最眞實也最原初的精神面貌。畫像恢復了女偊般的永遠年輕，那就表示道林．格雷終於聞道而朝徹了。

當我們只剩下高科技
──《莊子．天地》與赫胥黎的《美麗新世界》

我們生活在現代社會，拜高科技所賜，舉凡日常一切事務，操作起來都比古人便利很多。尤其人人手上的智慧型手機，既可以隨時上網，又能輕鬆錄製畫質很好的Video。此外，我也喜歡能保持合適自己溫度的科技咖啡杯，還有雲端物聯網技術的成熟，也讓我們每天獲得更多重要的訊息。而低摩擦係數的鋁製管道，已經讓膠囊列車的時速達到一千兩百公里，因此我們花在交通上的時間，也將大幅縮短。於是我們養成了一種習慣：凡事都要求事半功倍，而且務必要做到準時、成功、有效率。

可是，這樣眞的好嗎？莊子爲我們講述了一個故事：孔子的學生子貢，到南方的楚國去遊歷，返回晉國的途中，看到路邊菜園子裡有個老農夫從井裡打水出來，然後再將水抬到菜園裡澆灌。他來來回回辛苦地重複著打水、提水、澆水的工作，看起來異常艱辛！

子貢實在看不下去了，於是上前去勸這位老農夫：「老丈，看您這麼辛苦，請問您知不知道如今有一種新式的機械，可以讓我們不用這麼吃力地抬水，就能夠輕鬆澆灌菜畦？您想試試看嗎？」老農放下水桶，抬起頭來問子貢：「什麼樣的機械？」子貢解釋道：「是一種木製的機械，後重前輕，使用起來，就像抽水一般，水很輕易地就能外溢出來。人們稱之爲桔槔。」子貢好意介紹著，沒想到老農夫的神情卻變得非常激動與氣憤！「我們若是運用了機械來做事，很快地就會產生複雜的心思，例如：希望能夠因此而牟利，甚至於動用起賺取暴利的心機來。這就是一種不單純的機心，而相反地，若是心思單純且順應自然，那就接近『道』了。」

老農夫說：「有機械者必有機事，有機事者必有機心。機心存於胸中則純白不備。純白不備則神生不定，神生不定者，道之所不載也。吾非不知，羞而不爲也。」人們以機巧之心來做事，必定會產生非常功利的想法，接下來便習慣了凡事只以功利爲目標，於是人心離「道」愈遠。那曾經不受世俗沾染的純潔空明之心，漸漸地喚不回來。既然心境不純，那麼精神也不會得到平靜。於是我們便分分秒秒都處在算計之中，心靈片刻不得安寧。所以老農夫其實也知道子貢所說的那種機械，只不過他不願意使用。

子貢在莊子的眼中，大約就是孔子門下功利主義的代表者。因此老農夫的這一番話，其實目的是在使子貢感到羞愧。至於現代文學作品中，既反科技又諷刺功利主義者的作品，我認爲應該以英國作家赫胥黎的《美麗新世界》爲代表。

故事發生在西元二十六世紀，那時候的人類已經將人性盡皆泯滅，取而代之的是以科學技術將人分爲「阿爾法（α）」、「貝塔（β）」、「伽瑪（γ）」、「德爾塔（δ）」以及「愛普西隆（ε）」等五種階層。其中阿爾法與貝塔兩種人在受精卵發育成爲胚胎之前，已經被設定將來是領導階層的大人物。至於伽瑪則是普通民眾。而德爾塔和愛普西隆便是僅能從事體力勞動的智力低下者，尤其是愛普西隆人，他們往往只能說很簡單的詞彙。之所以會變成智力低下者，那是因爲他們出生的時候，醫院就以人工的方式使其腦部缺氧，把他們變成痴呆的人，以便終身只靠勞力維生。那時的人們甚至依靠服用一種稱爲soma的藥物來控制與管理自己的情緒。而教育者更是以電擊來處罰喜歡芬芳花朵的小孩，也就是以暴力洗腦的方式來告訴人民：迷戀且耽溺於「美」的事物，將阻滯社會經濟的進步。

像這樣一個階級井然，一切都使用高科技管控的「美麗新世界」，卻是作家諷刺的對象。原來這個新世界，僅僅是外觀整齊漂亮，然而讀者們也都心知肚明，科技的高明進展並沒有爲人們帶來精神上的開拓與進步，反而使得社會文化整體倒退。摒除了文學與藝術，生活只剩下高科技，再加上處處以功利目標爲導向，那將是人類文明的浩劫。這是作家赫胥黎九十年前就已經提出的省思，而且與《莊子・天地》篇遙相呼應。

尋找天地玄珠
——《莊子．天地》與法蘭西斯．霍森的《祕密花園》

我在學校課堂上所出的作文題目通常都很感性。因爲我知道學生將來要面對的人生處境，需要發揮理性的時刻會遠遠多於感性。所以應當適時地給大家一點時間和空間，用心來品味生活，將它化爲一首詩、一篇小品文、一幅素描或水彩、一幀攝影作品……。我願意接受他們所有的心靈對話、直覺的反應與每一次當下的悸動。而不必處處以腦力、思辨與論證的形式來呈現所謂具體的成果。

關於這一點，莊子也曾經說過一個故事：「黃帝游乎赤水之北，登乎崑崙之丘而南望。還歸，遺其玄珠。使知索之而不得，使離朱索之而不得，使喫詬索之而不得也。乃使象罔，象罔得之。黃帝曰：『異哉，象罔乃可以得之乎？』」

黃帝北遊赤水，登崑崙山而南眺。回來之後，竟發現「玄珠」不見了！他立即派「知」返回去尋找，但是沒有找到。接著又派「離朱」再去找，也沒有尋到任何蹤跡。然後再派「喫詬」繼續尋訪，依然沒有著落。黃帝只好派「象罔」出馬，沒想到竟讓象罔找到了！這件事連黃帝都不解：「怪了！爲什麼反而是象罔找到了？」

黃帝所失去的玄珠，既名之爲「玄」，那就不是一般的事物，亦即不是靠理智、思辨、論證來具體理解的事物。老子《道德經》第一章云：「玄之又玄，眾妙之門。」第六章又說：「谷神不死，是謂玄牝。玄牝之門，是謂天地根。」「谷神」之偉大是因爲他創造了虛空，而虛空承載了生養萬物的玄德。接著《道德經》第十章又云：「生而不有，爲而不恃，長而不宰，是爲玄德。」人們忘記了天地的恩德，但是天地依然時時刻刻供養著人們空氣、陽光、水以及各種養分。這份恩德，道家稱之爲玄德。老子曾經不斷地談玄，因此「玄」就是道家的另一個名稱，以及它的實質內涵。

黃帝丟失了道家的智慧之根，要靠什麼才能尋回呢？首先他派出「知」，我們知道「知」和「智」是通假字，即「聰明有智慧」的意思。因此黃帝派了一個很聰明的人去尋找玄德。因爲他善於分析、評判、推理。但是他沒有找著。因此，「道」並不親近聰明的人。

黃帝派出第二位訪道之人，名叫「離朱」。「離」作「析」解釋，所以有「辨別」、「分析」之意，「朱」是醒目的紅色，因此離朱含有「明辨」與「明察」的意思。不過這樣一位擅長觀察和分析的人，仍然找不到玄珠。所以「道」也並不落在明察秋毫的人身上。

黃帝所派出的第三號尋道之人，名叫「喫詬」。「喫」通「吃」，从口，取「會說話」以及「好辯論」的意思。至於「詬」就是「罵」，所以可解爲爭執、爭辯之意。黃帝第三順位派遣了這樣一位口若懸河，能言善辯的人去求道，最終依然鎩羽而歸。可知「道」不在言語。

最後爲黃帝找到玄珠的人，名曰「象罔」。「象」是指形體，「罔」就是「無」，也可以解釋爲「忘」。因此，「象罔」一詞乃指無形無相無智無識，無機巧之心，淡泊清淨，與世無爭的狀態。

透過這個寓言，我們終於明白了，道家之「道」，並不是依賴聰明機巧、觀察推理與能言善辯來獲得。因爲這些能力都在將生命向外推擴，知、離朱和喫詬，他們不明白的是「道」其實在內而不在外。所以必須是忘掉那些聰明才智和漂亮言詞，以素樸的心去感悟和體會，才能使我們的生命近於道。遇「道」融合唯一的感覺，就像是一個天眞無邪，率直爽朗而又快樂的孩子，在一座花木扶疏、鶯啼燕繞的花園裡，蹦蹦跳跳，到處玩耍，直到他/她成爲花園裡的一部分。那種與自然相親無間的感覺，便是「得道」。

然而在此之前，需要經歷一段忘形、忘知，以及忘言的過程，忘卻自我中心的聰明與智巧，方能與大道融合爲一，這就是「坐忘」。我們可以舉英國作家法蘭西斯・霍森・博納特在一百多年前所寫下的著名小說《祕密花園》（The Secret Garden），來看看純眞的心靈是如何打開一座神祕的花園？讓自己與他人的生命獲得圓滿與充實之感，因而各自找到了屬於自己的「玄珠」。

故事一開始，就是一場可怕的浩劫襲面而來！很不討人喜歡的小女孩瑪麗正在發脾氣，她的頭髮稀疏，臉色蠟黃，自私專橫，脾氣暴躁……，全身上下，從裡到外滿是惹人討厭的特徵。她視印度保母爲奴隸，爲僕人，因而必須對她百依百順。她也氣走了一位又一位家庭教師，因此功課總是學不好。然而正是這些差勁的特徵讓她安全躲過了一場大瘟疫。

瑪麗九歲那年，某天早晨，她醒來的時候，看見站在窗邊的僕人並不是她的保母，於是大發雷霆！她對這個陌生的僕人又踢又打，然而保母依然沒有出現，瑪麗隱約聽到人們議論保母不會再來了，她也不知道爲什麼。可是就在這一天，不僅保母消失了，連同瑪麗的父母親，以及偌大莊園裡許許多多的僕人，竟然死的死，逃的逃，沒有人和瑪麗玩遊戲，所以她覺得無聊，趁大人不注意時，喝了一杯甜酒，因此陷入了沉睡。而慌張驚恐的大人們竟將熟睡在兒童臥房裡的瑪麗給遺忘了！與此同時，臥房門外正在爆發一場致命的霍亂！得病的人開始紛紛死去，好多間屋子裡都傳來嚶嚶哭泣的聲音，此時沒有人去告訴瑪麗外面究竟發生了什麼事，於是她一直安穩地睡著。等到她從長長的沉睡中清醒過來，才發現這個家只剩下她一個人了！

瑪麗並不是一個富有感情的孩子，在她過往九年的人生歲月裡，她從來不知道感性爲何物。當霍亂降臨時，她不懂得恐懼，只是非常生氣，於是那些驚恐萬狀的僕人們，誰都不願意來惹她，只是自顧自地逃生去了。

瑪麗一夕之間成了孤兒，迫不得已只好搬進了姑丈家。故事從第二章開始，就是她融入全新生活，感知自己生命中那一顆重要「玄珠」的契機。首先是女僕瑪莎的出現，她不再是個百依百順的奴隸，而是像親姊姊一般努力教導瑪麗自己穿衣吃飯的好老師。接著是瑪莎的弟弟，他也不像是一個女僕的弟弟，反而好似從大自然裡狂奔而來的魔術師，所有的小動物們都聽他的話，都與他相親相愛，親密無間。這讓瑪麗既驚訝又羨慕！還有她與可愛的知更鳥展開心靈溝通時，竟然意外地發現一座沉沉睡去的祕密花園，以及長年看守花園，脾氣古怪詭異的老園丁。

瑪麗爲了進入祕密花園，她必須找到當年埋在泥土裡的鑰匙。一旦闖進了祕密花園，小女孩彷彿看見了姑姑在這裡留下輝煌燦爛的生命與青春。而大宅內每天晚上隱隱發出鬼魅似的哭喊聲，也讓她發現姑丈的另一個祕密：他將兒子關在不見天日的房裡，以爲這樣才能保住他的健康。瑪麗爲了幫助和拯救表弟，她需要瑪莎和她弟弟的協助，讓表弟逃離拘禁的臥室，走進祕密花園，與植物相親，和小動物們做朋友。祕密花園因爲孩子們盡情地徜徉在其間，並且辛勤地播種、除草、澆水，於是它復活了！因著它的復活，老園丁再也不會擺出一張苦澀的撲克臉。祕密花園的復活，說明了在偌大的虛空之中，一直存在著生養萬物的能量，那也是瑪麗和表弟生命能灌注新活力的能量。猶如老子所云：「谷神不死，是謂玄牝。玄牝之門，是謂天地根。」

因此一切都在無形無相和不知不覺中，瑪麗變得既健康又活潑，長得又高又漂亮，不僅擺脫了自身的寂寞，還讓表弟也走出了長年的陰霾。而且瑪麗此刻的脾氣好得不得了，因爲她已經忘掉自我，每天只顧著付出所有的愛心與耐心。那陳舊、封閉、枯萎的玫瑰花園，曾經籠罩在姑姑死亡的陰影中，姑姑是被玫瑰藤架給害死的！這花園承受著沉重的罪名，讓姑丈終身逃避，不敢面對。如今重新在孩子們的努力耕耘之下，逐漸散發出耀眼的光輝！

瑪麗在成長的過程中，受到瑪莎等人的幫助，爾後她也很自然地，也是毅然決然地去幫助和鼓勵表弟。期間所有的歷程，都是順著赤子之心的天性使然。他們樂觀、努力、無畏、充滿好奇，卻沒有一絲一毫的城府與心機。因此以無形無跡無智亦無識，得到了生命中至貴至純的天地玄珠。

治，亂之率也——《莊子．天地》與喬治．歐威爾的《一九八四》

堯曾經問許由一個很尷尬的問題：「齧缺可以擔當統治者的大任，來領導一個國家嗎？」這個問題之所以問得不太合適，是因爲齧缺是許由的老師。沒想到許由竟公事公辦，他大義凜然又直接了當地回答了堯：「他不僅不適合擔當天下，而且如果眞的做了天子，恐怕會危害天下！」許由這麼說，眞是讓堯大惑不解！「因爲我的老師齧缺實在太聰明了！不僅聰明，還很有智慧，遇到問題，反應很機智，總而言之他就是天賦異秉，才思敏捷。」堯聽著這番解釋，越發一頭霧水！許由便又繼續說明：「正是因爲我的老師聰明絕頂，稟賦過人，因此他很少犯錯，也就是說他能提防自己而做到沒有過失。但是其實他從來也不曉得人爲什麼會有過失。犯罪的源頭在哪裡？這不是他所能探究的。因此如果由他來統治國家，他一定會拿出畢生的才學來治理天下，這就表示他會放棄天生的本性。當他刻意要治理國家的時候，那其實就是災難的開始。」莊子在這裡補充說明道：「治，亂之率也，北面之禍也，南面之賊也。」

許由認爲，很多聰明的人因爲急著施展抱負，都會想要去管理別人，甚至於統治地方百姓，這就是禍亂的開始。許多的糾葛與紛擾，都源於一個字——「治」。那些自詡爲能力強的人，經常有意識地進行對他人的治理，甚至希望能進一步治理整個國家。而「治」這個字，从水从台，其造字本義是指：開鑿水道，修築堤防以防止洪汛。所以早期人們用這個字的時候，乃是專指「治水」的意思。而且「治」這個字，本身也是一條河流的名稱，我們看《說文解字》指出：「治，水。出東萊曲城陽丘山，南入海。从水，台聲。」後來漸漸引申爲撥亂反正，主持公道之意。

將原本治水的「治」轉而用來治人，莊子認爲家國社會的亂象，就是在這個轉折點上出了問題。如果要在進一步具體說明這個現象，我們還是再回到《莊子》這本書，來看看另一個故事：

這也是從堯開始說起的。當他在位的時候，封伯成子高爲諸侯。後來的歷史發展，我們都知道，堯禪讓君主之位給舜，而舜又禪讓給禹。伯成子高就是在這時候辭官回鄉的。他種田植桑，過著自力更生的生活。大禹便紆尊降貴，下鄉去求教，他想知道伯成子高爲什麼放著諸侯不做，竟然來到這窮鄉僻壤之處種起田來？

子高於是將他所憂心的社會亂象和盤托出：「從前堯爲君王的時候，他從來不實施獎勵辦法，因此當時的百姓如果願意積極向上，那都是出於自動自發的精神，生命中自然而然流露出上進的動力。那個時候的世界眞美呀！每個人都是發自內心的希望成就自我，而不是爲了獎盃、獎金、獎牌和獎勵品。他們沒有虛榮感，只有一份純粹想要自我實現的熱情和願景。而且堯也無需懲罰他人，人都有犯錯的時候，一旦犯了過錯卻沒有遭受父母、師長以及社會外界的批評與指責，犯錯者反而會心生悔意而覺得惶惑不安，好像踩樓梯的時候踏空了一階，心慌慌的！每到午夜夢迴，他想起自己做錯的事，也會不斷地責怪自己，而且持續不斷，簡直沒有盡頭。那就是對他最大的懲罰了。」

子高繼續說道：「如今，有些統治者仗著自己很聰明，很會制定法令，於是立下了賞罰的規則，殊不知人心從此墮落，沒有了獎勵和獎金，人民不願意再伸張正義，也不願意日日行善。因爲明訂了罰則，所以一旦做了壞事，還要急忙昧著良心，想盡辦法去規避刑法的咎責。道德敗壞啊！社會失去了善良的風氣，人心不古，就是從你們這些自以爲是的人開始的。」

如果說「統治」這個概念是改變人心、人性，以及破壞善良淳厚風俗的源頭，那麼我要舉的例子就是英國作家喬治．歐威爾的《一九八四》。這本書出版於西元一九四九年，內容是作家對於未來世界的描述，在他的預料與推測中，將來的世界會整合成一個超級大國，在小說裡稱之爲大洋國，而這個國家完全由黨來支配。「老大哥」是這個黨的最高領導人，他塑造了自己的英雄形象，供人民景仰、歡呼與膜拜。然而我們將書讀到最後，有些人可能會恍然大悟，其實老大哥根本不存在。不過爲了控制人民的思想，這個超級大國動用了無數的特務人員來迫害具有個人主義傾向的國民，同時也不斷地打壓人民發揮獨立思考的自由與能力。

小說男主角溫斯頓在名爲「眞理部」的部門工作，工作的內容非常荒謬，因爲他專門負責刪改歷史。他每天大量閱讀報刊新聞稿，看到對老大哥以及黨不利的消息，便立即刪除與銷毀。以維持政黨存在的正當性。他甚至於需要重新編寫過去的新聞，以使得歷史紀錄毫無偏頗地行走在黨的發展路線上。喬治・歐威爾這麼寫，毫無疑問地是對「眞理部」的絕大諷刺，因爲在嚴密的控管之下，溫斯頓等人聲稱他們的工作是在「糾正錯誤」。不僅如此，政府部門還有仁愛部，這裡的官員們專門對反叛者施加酷刑；富裕部，他們負責物資分配；和平部，專門進行暴力戰爭……。

然而溫斯頓良心未泯，在內心深處，他痛恨黨，痛恨老大哥。而且不久之後，他發現小說部的茱莉亞和他有共同的理念，於是他們以不被黨所允許的私底下的性行爲，來表達他們的叛逆。

喬治・歐威爾對於統治者的欺騙行為，以及祕密監控人民的種種惡行，做出了極力的鋪陳、諷刺與撻伐。他說出了千千萬萬讀者們的心聲，因此從西元一九二三年起，長達八十多年的時間，《一九八四》蟬聯百大英文小說的寶座，同時也一直位列英國民眾票選最喜愛小說的前十名。

反監控、反管理、反統治的文學題材能獲得大量讀者歷久彌新的力挺與支持。說明了莊子當年藉由伯成子高之口所表達的憂慮，其實也是許多人的內心想法與感受。「民且不仁，德自此衰，刑自此立，後世之亂自此始矣。」莊子以降，歷史經過多少興衰，於是世風日下「民且不仁，德自此衰」，幸好還有溫斯頓和茱莉亞這樣鳳毛麟角的人承擔起道德良心，然而當讀者們看到他二人被逮捕後悲慘淒涼下場，是否也同時深刻地意識到對統治舉動的反感與疑慮？這時再回顧莊子所說的話：「治，亂之率也，北面之禍也，南面之賊也。」我們應該會對道家的「無為而治」更加感到心有戚戚焉！

在動與不動之間，找到完美的平衡

——《莊子》與《中庸》

我們讀了那麼多經典，其實總歸就是在學習與思考爲人處世之道。生活在這個世界上，每一個人都有自己獨特的生活態度，所以不一定要隨著別人起舞。但有時候也可以試著體會他人的處境，然後了解對方的處世哲學，這對我們而言，既是借鏡，也是參考，尤其是在我們覺得徬徨和找不到出路的時候，他人的智慧也許能讓我們開啓生命的另一扇窗。

《莊子．山木》有個故事，其實就是在表明他的處世之道：

「莊子行於山中，見大木，枝葉盛茂，伐木者止其旁而不取也。問其故，曰：『無所可用。』莊子曰：『此木以不材得終其天年。』夫子出於山，舍於故人之家。故人喜，命豎子殺雁而烹之。豎子請曰：『其一能鳴，其一不能鳴，請奚殺？』主人曰：『殺不能鳴者。』明日，弟子問於莊子曰：『昨日山中之木以不材得終其天年，今主人之雁，以不材死，先生將何處？』莊子笑曰：『周將處乎材與不材之間。』」

莊子與他的弟子在森林中發現了一棵高聳入雲的大樹！「哇！這是神木耶！可以用來做很好的木材吧？」師徒兩人對這棵大樹讚美不已！不料一旁的伐木工人冷冷地丟下一句話：「這棵樹沒用！」莊子當場有所領悟：「這樹就因爲是個廢材，既不能做家具，也沒辦法當梁柱，所以它好端端地活了數千年，成爲神木，供人們景仰膜拜。如果它對人類有用的話，早就被砍掉了。」

不久之後，他們師徒二人來到朋友家作客，朋友非常高興！準備殺雞宰鵝下廚燒菜來請莊子師徒吃飯。這時僕人進來問：「院子裡有兩隻大雁，一隻會叫，另一隻不會叫。主人烹調美味大餐，請問要留哪一隻？」這位主人立刻回答道：「會呱呱叫的那一隻比較有趣！不會叫的那一隻挺無聊，我看就留下會叫的那隻吧。」結果，不會叫的那隻大雁就被殺了。

莊子的弟子就此發出了疑問：「老師，昨天我們看到的那棵樹因爲沒有用，所以活了上千年，今天這隻大雁不能逗主人開心，就因爲沒有用而被殺了！請問我們到底應該有要做個有用的人呢？還是無用的人？」

莊子笑了：「周將處乎材與不材之間。」我在這裡讀到的重要關鍵詞是「處」這個字。人生在世，「處」之一字時常考驗著我們，也困擾著我們。怎麼處？才能圓滿，才能善了？它的答案往往是人生經驗的累積，也是潛心思辨的結果。老子曾說：「爲無爲，事無事，味無味。」以無爲代替作爲，以不生事的原則來做事，從無味當中去體會豐富的滋味。這是老子的處世之道，同時他也曾說：「爲學日益，爲道日損。」他教我們運用減法來過生活，讓自己最終回歸到如嬰兒一般的純樸，如此便已接近大道。

至於莊子，他希望在正負之間取得一種拿捏得當的平衡感，所以他對學生說：「我希望處在有用與無用之間。」若要長期走在這個平衡桿上，其實也不是一樁容易的事，這是接近「中庸」的處世哲學，亦即「中和恆常」之意，需要大智慧，也需要修養功夫。那麼如何才能行事合乎中道呢？我們又該如何自處於有用與無用之間呢？

作家林語堂在他的散文集《人生的盛宴》裡，爲讀者解釋中庸哲學，他說：「中庸的精神是在動作和不動作之間找到一種完美的平衡，簡言之，就是做個一半有名一半無名的人；在懶惰中用功，在用功中也會偷懶；窮不至窮到付不起房租，有錢也不至有錢到了完全不必工作的地步，或是可以任意地資助朋友；鋼琴也會彈彈，可是不十分高明，只能彈給知己好友聽聽，而最大的用處在於讓自己消遣；古董也收藏一些，可是只夠排滿屋內的壁爐架；書也讀讀，只是不太用功；學識也挺淵博，然而不會成爲專家；文章也寫寫，可是寄給《泰晤士報》的稿件有一半退回，有一半刊登——總之，我相信這種中等階級的理想生活，是中國人最健全的生活理念。」

接著，他舉出清代李密庵的〈半半歌〉，更具體地將世俗中很理想也很美妙的生活哲學表現出來：

「看破浮生過半，半之受用無邊。半中歲月盡幽閒，半里乾坤寬展。半郭半鄉村舍，半山半水田園。半耕半讀半經廛，半士半民姻眷。半雅半粗器具，半華半實庭軒。衾裳半素半輕鮮，餚饌半豐半儉。童僕半能半拙，妻兒半樸半賢。心情半佛半神仙，姓字半藏半顯。一半還之天地，讓將一半人間，半思後代與滄田，半想閻羅怎見。酒飲半酣正好，花開半時偏妍。帆張半扇免翻顛，馬放半繮穩便。半少卻饒滋味，半多反厭糾纏。百年苦樂半相參，會占便宜只半。」

在林語堂的認知裡，歷史上確實曾經出現過一些了不起的超人，他們是探險家、征服者、大發明家、大總統和英雄。但是最快樂的人，不是他們，而是一些中等階級的人。能夠賺錢自力更生，能夠爲社會人群提出貢獻，在社會上稍微有一點名氣，但是不至於有名到被狗仔隊緊盯；手頭還算寬裕，但是不至於到了完全不用工作的地步。因此，我們是在適度地受到限制的環境下，才能體會無憂無慮、逍遙無待的快樂。例如：在忙碌了一整週之後，我們更能體會週末假日的空閒時光是多麼難得而珍貴！「當一個人的名字半隱半顯，經濟在相當限度內尚稱充足的時候，當生活頗爲逍遙自在，可是不是完全無憂無慮的時候，人類的精神才是最快樂的。」

林語堂一生讀了很多很多書，也寫了很多很多書，在探索人生智慧的過程中，他深得《莊子》與《中庸》之壼奧，於是在材與不材、有用於無用之間，測試出美妙的平衡點，雖然不能說常保無憂無慮，但是他的精神始終是快樂的！

延伸思考

生活中難免會出現脾氣暴躁、情緒緊張、感情失落和沒來由的悲觀等等負面心情，請自我整理並且試著思考：若下回再發生這類情況，你希望怎樣度過？

國家圖書館出版品預行編目資料

莊子：不如相忘於江湖，享受孤獨的哲學家／朱嘉雯著. －－ 初版. －－ 臺北市：五南圖書出版股份有限公司，2022.12
面； 公分
ISBN 978-626-343-570-4（平裝）

1.CST:（周）莊周 2.CST: 莊子
3.CST: 學術思想

121.33 111019544

1XLS
【朱嘉雯經典文學情商課2】

莊子
不如相忘於江湖，享受孤獨的哲學家

作　　者 — 朱嘉雯（34.6）
發 行 人 — 楊榮川
總 經 理 — 楊士清
總 編 輯 — 楊秀麗
副總編輯 — 黃文瓊
責任編輯 — 吳雨潔
封面設計 — 王麗娟
美術設計 — 王宇世
出 版 者 — 五南圖書出版股份有限公司
地　　址：106台北市大安區和平東路二段339號4樓
電　　話：(02)2705-5066　傳　　真：(02)2706-6100
網　　址：https://www.wunan.com.tw
電子郵件：wunan@wunan.com.tw
劃撥帳號：01068953
戶　　名：五南圖書出版股份有限公司

法律顧問　林勝安律師事務所　林勝安律師

出版日期　2022年12月初版一刷
定　　價　新臺幣380元